莎士比亞說：
一則笑話的成功與否？
乃在聽者的耳朵，
而非在說者的舌尖……

跟你講個笑話，
我是猶太人

林郁 主編

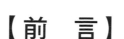

【前　言】

一個笑話，乃是一段感情的墓誌銘

——尼采

　　自從第二次大戰以後，所謂的「黑色幽默」才逐漸流行。

　　依我看來，這種現象跟時代潮流——對所謂的進步產生疑惑以及文明的朝向不安，不無關係。

　　「黑色幽默」流行的直接原因，乃是希特勒第三國對猶太人的大屠殺。人們對納粹黨的犯罪雖然感到愕然，但是這種罪行不能只歸罪於希特勒，以及其身邊人的異常性格，使人感到世上有普遍的「醜惡」存在，這才是使人們感到戰慄的最大因素。這種「醜惡」至今仍然存在，就好像尼斯湖的怪物一般，平常潛匿於不透明的湖底，一直到某一天才顯露出其醜惡的嘴臉。例如，在非洲、亞洲、南美洲，以及美國的大都市和蘇聯等地，都潛藏著隨時會突然出現的「怪物」，牠們在使人們感到戰慄後，再度潛入爛泥很深的水底。

　　換句話說，隨時都有巨大的邪惡之物——想伺機攻擊我們。

　　笑話，可以敏感的反映遍地存在的邪惡，這是因為笑話常能跟人類的潛在意識互相呼應，而且潛匿於人心深處的不安、恐懼、情色以及各種慾望等，就是笑話的核心。

　　一則笑話是否成功，端看它是否能觸動人們內心的琴弦。

關於笑話的這項特質，莎士比亞老早就道破了——

一則笑話的成功與否？
乃在聽者的耳朵，而非在說者的舌頭……

遭受邪惡氣息威脅的現代人，非常適合聽取黑色幽默。

不過，黑色幽默並非現代的產物，它的歷史相當悠久，跟「邪惡」的起源差不多，老早就存在了。

依照西元三世紀希臘史家的記述，古代多拉基拉的晚餐會有所謂「吊頸」的餘興節目。屋頂垂下一根吊頸的繩子，下面放置一個不穩定的石頭，參加者抽到「吊頸籤」以後，就必須登到石塊上面，把頭伸入粗繩的套圈裡面，不過可以帶著一把半月形的刀子。待準備好以後，別的男子就會踢掉那塊石頭。此時，把頭部伸入繩套的男子必須迅速割斷繩子，否則的話，將因頸部的骨頭斷裂而死亡。

如果說，現代的黑色幽默比昔日的黑色幽默更黑的話，那可能是現代人特別喜歡「自我消遣」所使然吧！以致搬進黑色幽默的體裁及情景等，比往昔增加了很多；同時，其苛酷以及曲折的程度自然也比昔日提高了很多。不信，你看——

猶太人屠殺者蓋世太保——阿道夫·愛希曼，在以色列的國際法庭被宣判絞刑。

審判長說，根據猶太人的律法，死刑囚可以說出一個希望。愛

希曼在稍微思考以後說，希望能夠成為一個猶太教徒，也就是歸化為猶太人。審判長請他說明理由，愛希曼回答：「我歸化為猶太人以後，那不就等於多死了一個猶太人。」

　　你相不相信，這個笑話其實是猶太人自己說的，猶太人歷經幾千年的王國命運，流離到世界各地，處處受到迫害，然而他們仍不喪失鬥志，堅持生命的意義，而這之中他們「發明」了很多笑話，借以提升生存的勇氣！

　　對於正經八百的正直人士而言，笑話也不會放過他，除了嘲諷這種人的冥頑不化、不解風情之外，也對他們嚴以待人、寬以律己的虛假面具一一揭穿，因為跳脫一成不變的道貌岸然，盡搞些出格的事兒，果然匠心獨具、引領風騷，為黑白生活添上五彩繽紛……

　　本書所收錄的「黑色笑話」，其「射程」的長短，以及「破壞力」的大小，都有賴讀者諸君自己去判斷……

目　錄
CONTENTS

從北國來的失敗

新的學說

「以人類歷史來說，發展到最高度階段的社會，只存在於朝鮮人民共和國。」——北朝鮮人民一向如此地被教導著。執政者告訴他們的子民——朝鮮是一個大樂園，北朝鮮人民也深信不疑。更正確地說，其實是金氏政權根本就不允許人們對這種說法產生「懷疑」！

一個朝鮮人類學者耗費了長年心血研究的結果，發現人類的祖先亞當與夏娃也是朝鮮人，並且舉出了有力的證明。他的學說是——亞當與夏娃不僅無蔽體的衣服，甚至連避風遮雨的房舍都闕如，食物方面充其量也只有蘋果而已，但是儘管如此，他們仍然堅信自己是居住於「樂園」。為何會如此呢？唯一的答案是——因為他倆是朝鮮人的緣故。

非他莫屬

「巴林頓吹牛俱樂部」乃是最著名的吹牛團體之一，而且每年都要舉辦一次「吹牛世界選手權大賽」，獲得優勝的「大話」將刊登於全國的報紙。會員不僅有美國人，同時還遍佈全世界，唯獨沒有俄國人。

有一天，莫斯科《不勞達》報社的記者針對此問題說明了理由。

（編按·「不勞達」就是俄語的「真實」）

「理由很簡單，因為蘇聯沒有撒謊的人。」

於是，「巴林頓吹牛俱樂部」頒給了這位記者名譽會員證。

關於美國

在毛澤東時代的一所小學，教師質問學生有關美國的瑣事。學生站起來回答：「美國境內充滿了失業的群眾，勞動者經常挨餓，朝不保

夕。在美國南方，白人日以繼夜地對黑人濫用私刑，犯罪多如牛毛，社會生活危機四伏。白晝裡，酒鬼、麻藥吸食者、扒手、搶匪等，公然在市街招搖；好戰主義者紅著臉、粗著脖子叫囂著：『我們要戰爭！我們要戰爭！』」

「很好！很好！」教師說：「那麼，你再唸一遍我國正在倡導的口號吧！」

「好的！」學生馬上站起來回答：「打倒美帝，消滅美帝、趕上美帝，超越美帝……」

高度的國家

身為北韓的國民，就彷彿噴射客機上的乘客一般，雖然前方不時展現美麗廣大的地平線，然而不管肚子永遠填不飽，仍然不能走出飛機外面。

收音機

「收聽廣播時……」一個俄國人對另一個俄國人說：「得知我國生產很多的肉、牛奶以及牛油。話雖如此，但是我的冰箱卻一直空無一物，這到底是怎麼一回事呀？我該如何是好？」

「那還不簡單，」另外一個俄國人回答：「你就把冰箱的插頭直接插入收音機吧！」

禱告的結果

一個俄國共產黨的幹部開車經過鄉村的道路。當他抬頭望向車窗外

面的時候，看到一個猶太人的老農夫，跪在田園中禱告，便下令司機停車，把那個老農夫帶過來。

幹部對猶太人老農夫訓斥了一頓——

「大白天裡你不耕作，跪著禱告，無異是在浪費時間，那樣對黨並沒有好處！」

「不過長官同志，我是在為黨禱告呀！」

「為黨禱告？虧你還說得出口呢！以前，你不是說時時刻刻在為偉大的沙皇禱告嗎？」

「長官同志，你說得對極了！你想想看！沙皇的下場如何？」

別惹麻煩

在西伯利亞的一處行刑地，一排舉著槍的士兵，前面站立著一個猶太人。當指揮官用一塊黑布蒙住該男子的眼睛時，他要求指揮官讓他說完最後一句話。

「好的。」指揮官說。

「布列吉尼夫這個傢伙老是亂蓋一通，根本是個老賊！是個大騙子！是人民的敵人！」

指揮官滿面通紅，走到該男子身旁大聲吼叫：「閉嘴！同志，你還想再多惹些麻煩嗎？」

你是什麼人？

兩個猶太男人站在布達佩斯街頭閒談，稱讚著停在路邊的新汽車。

「好棒的一部車子。」其中一個男人說。

「可不是嗎？」另一個男人回答：「這部車子是最好的證據，足以

證明共產社會主義的優越技術。」

「你在說什麼呀！」頭一個男人嚇了一跳：「老兄，這部車子是美國貨呀！難道你看不出來嗎？」

「我當然看得出來。」另一個男人回答說：「可是我不知道你究竟是什麼人呀！」

勞動條件

從北韓亡命到美國的「脫北者」（一般對逃出北韓者的稱謂），終於在紐約的一家工廠獲得了一份工作。工廠老闆對他說明工作內容，要求他一週上班五天，每天上班八個小時。想不到亡命的北韓人憤怒的變了臉色，拒絕了工廠老闆的要求。

他說：「你這是什麼話啊！我好不容易拼著一條老命逃出了北韓，竟然叫我一天只幹八小時，一週還要休息兩天，真是太看不起人了！」

小心！

這件事是發生於希特勒統治時代的德國。

喫茶店裡坐著五個猶太男子，他們都進入了沈思之境。

其中一個男人嘆了一聲，另一個悲切的呻吟起來，第三個男人好像絕望似的搖搖頭，第四個男人的眼眶蓄滿了淚水。

看到這種情形，第五個男人嚇壞了，他小聲地說：

「朋友們，小心呀！在此地談政治也太危險了吧！」

 同病相憐

納粹德國的時代，蓋世太保到處捕捉猶太人。

這天，當兩個猶太人行走於慕尼黑的街道時，遠遠的瞧見警官從對面走了過來。其中的一個猶太人持有證明，另外一個卻沒有，於是持有證明的猶太人沒命地奔跑。他如此做的目的，無非是要引開警官，使另外一個沒有持證的猶太人乘機逃走。果然，警官中了他的計。警官抓到猶太人以後要他亮出證件，猶太人遵從指示照做。警官看到證件後，問他：「你持有證明文件，幹嘛沒命地奔跑？」

「因為我剛服下瀉藥。」猶太人回答：「我的醫生再三叮嚀，服用過瀉藥以後必須跑步。」

「不過，你總有看到我在後頭追你吧？」

「我當然看到了！我以為你也是去看那位醫生，而他也讓你服了同樣的瀉藥呢！」

兩隻「豬」的價格

第二次世界大戰，巴黎被德軍佔領，兩位德國軍官在塞納河左岸找到一處下榻的地方。下榻處的老闆娘是個猶太婦人，因此是極不情願地把房子租給德國軍官的。加上兩位德國軍官又對她採取傲慢無禮的態度，令老闆娘更感到憤怒不已。

「這個豬窩要以多少錢出租呀？」

猶太婦人毫不思索的說：「嗯……這樣好啦！一隻『豬』的話一百法郎，兩隻『豬』的話，算便宜一些，就收一百八十法郎吧！」

西班牙的賊

西班牙人跟猶太人應徵大廈的清潔工作，兩個人都被錄取了。但是，美國人的事務局長卻單獨要求猶太人提出身分證明，以及經歷證明還有保人的保證書。

猶太人雖然感到憤憤不平，但是也知道一旦跟事務局長鬧意見的話，他的飯碗就會砸了，因此想盡辦法要弄到一張證明書。

這兩個清潔工負責清掃的辦公室在九十八樓，有時也必須清掃逃生用的階梯。在一個颳著強風的日子，他倆在擦拭逃生用的階梯扶手時，突然颳來一陣很強烈的風。西班牙清潔員因為把身體伸出扶手，以致被強風颳走了，他手裡持著抹布以及鐵桶，筆直地往地面墜落。

趴在扶手上看著這種情形的猶太人，待強風吹過以後，立刻飛奔到事務局長的辦公室。

「您瞧吧！」猶太人很得意地叫了起來。

「那個西班牙大渾球，偷了您大人的鐵桶及抹布，溜之大吉啦！」

最惡劣的事態

北韓正面臨很嚴重的財政危機。內閣正開會檢討對策，但是一整天下來仍然找不到合理的解決辦法。

到了傍晚，有一個大臣於是提議說，即然已經到了這種地步，不妨對美國宣戰。

「當然啦，我國很快地就會一敗塗地，不過在這以後，美國就會傾全力的援助我們。金錢將會大量的流入，我國所面臨的難題很快就能獲得解決了。」眾人聽了紛紛鼓掌叫好。

「不過……」這時，金日成主席插了一句：「可是，你有沒有想

過，如果……萬一我國打贏的話，那我們就會面臨最惡劣的事態呢！」

關於罪行

在愛爾蘭這個地方，天主教徒和猶太教徒一直有著激烈的抗爭。

某一個猶太人為了懺悔走進天主教的教會。他坦白的向神父說，他謀殺了一名英國的警官。想不到神父卻不語一發，猶太人感到納悶之餘，對著告悔室的神父說：「怎麼啦？神父……您死了嗎？」

「我並沒有死啊！」神父回答：「我正在等你說完這些無聊的政治話題，再把你的罪行告訴我呀！」

民主的好處

當上了巡迴法官的男子，有一天到鄉下出差。

「我說瑪莉啊！」在飯店裡，他滿面得意之色，跟來自波蘭來的漂亮女侍聊起天來。

「妳來美國已經幾年啦？」

「兩年啦！法官大人。」

「如何？妳喜歡美國嗎？」

「馬馬虎虎啦！法官大人。」瑪莉回答。

「是這樣嗎？瑪莉。」審判官繼續問：「妳來到這個國家以後，一定碰過在波蘭不曾有過的經驗。如果是在波蘭的話，妳這樣的鄉下小姑娘根本就不會跟法官面對面地交談。」

「您說得對極了！正是這樣。法官大人，這是拜美國民主政治之賜啊！」

瑪莉接著又笑著說：「不過……如果是在波蘭的話，我想您根本就

做不了法官！」

是有必要！

當美國南方仍然未實施白人與黑人共學制度時，有一座市鎮為了改善學校的設施，投下了十二萬五千美元的預算，然而，幾乎所有的預算都被應用於擴充白人學校的圖書館以及體育館的建設。

一位黑人學校的校長憤憤不平地前往教育委員會質問，他一再地爭辯是否真的有必要把這些預算，都使用於白人學校。

「是有這種必要。」教育委員們回答說：「一點也沒錯。」

「既然如此……」黑人學校的校長說：「那……我就不便再反對了，因為這一座市鎮，實在很需要多一些受過教育的白人。」

白人進不了天堂

奴隸制度仍然存在的美國南部。有一個黑人奴隸對他的主子說，昨夜他夢到自己死了，進入黑人的天堂。

「唉……那裡必定是髒兮兮的，到處有垃圾，房子整排都是破破爛爛的，圍牆到處有破洞。那麼髒的市街我連看也不曾看過……而且啊！到處都有衣衫襤褸的黑小子徘徊著。」

這個奴隸又說，在同一夜他也做了另一個進入白人天堂的夢。

「白人的天堂好乾淨，一點灰塵也沒有。真的，又乾淨，又漂亮。可是在那兒，卻連一個人也找不到！」

馬蠅知道

在種族歧視的時代裡,一個白人售貨員坐上年輕猶太人農夫所駕駛的馬車後不久,白人發覺有一種討人厭的蟲兒在馬兒的頭上飛舞,而且有一部分蟲兒竟然轉移陣地,在白人頭上飛來飛去。

「喂!猶太小子,這些是啥蟲兒啊!」

「牠們是馬蠅。」猶太人回答。

「馬蠅?什麼是馬蠅呀!」

「就是專門叮馬兒、驢子或者騾子的蟲子啊!」

馬蠅又在白人的頭部四周繞圈子。白人想找猶太人的麻煩,因此對猶太人說:「猶太小子!那你的意思是說,我是馬兒囉?」

「哪兒話,大爺怎麼會是馬兒呢?」

「那麼,你是說我是驢子?」

「您大爺當然不是驢子。」

白人的語氣轉為粗暴,他說:「猶太小子!你瞧瞧這裡!那麼你的意思是說我像騾子囉?」

「大爺,您弄錯了。」猶太人如此回答:「您橫看豎看也不像騾子呀!不過,那些馬蠅跟咱們猶太人不同,牠們可是很聰明的東西!」

印第安人與白人

「爸爸……」喜歡讀書的猶太小孩問他的父親:「美洲印第安人跟白人,到底誰比較優秀?」

「你問得很好。現在我們就不妨如此思考……」父親回答:「當印第安人是新大陸唯一的居民時,並沒有所謂的稅金,更沒有公債,也沒有中央政府、徵兵制度什麼的,更不必去援助其他的國家,也沒有核子

炸彈，而且所有的工作都由女人去做。好了！你認為誰比較優秀呢？」

驢子落淚

在一座小村鎮的廣場，一隻驢子正在表演各種把戲。最後的壓軸好戲是——驢子掉下眼淚哭泣。

終於到達了最高潮的時刻，但是不管馴獸師使出何種手段，驢子就是不掉半滴眼淚。當他感到束手無策時，一個猶太人表示願意幫忙。

那個猶太不知在驢子耳朵旁說了一些什麼，不久以後，驢子就悲切地大哭了起來，連馴獸師也不曾看過驢子哭得如此悲切……

「你到底對牠說了些什麼呀？」馴獸師很驚訝地問。

「我只是跟牠談一些真實的人生罷了！」猶太男子如此說：「就像政府不斷發行公債、高失業率、銀行倒閉、軍費擴張，以及海外援助基金的總額等等。聽了這些話以後，連驢子也忍不住會哭了起來呢！」

最後的審判

這一天的佈教題目是「最後的審判」。猶太教的拉比說，從這個世界的開始到最後，凡是存在過的人，在這一天都必須集合在神面前，接受最後的審判。

待拉比說完以後，一個愛爾蘭人問拉比：「您的意思是這樣吧？那就是在天使吹奏了喇叭以後，不管是已死的人，或者有生命的人，都必須同時集合對不對？就像——達文西跟米開朗基羅、亞當與夏娃、安東尼與埃及豔后、希特勒與邱吉爾、法王與路德等人都會到場，對不對？」

「正是這樣！」拉比回答：「不過，並不只有那些你舉出的人，凡

是曾經生存於這個世界的人都必須集合。」

「可是……」愛爾蘭人不斷地搖頭說：「我可不太會下審判呀！」

直接與間接

年輕的妻子問猶太老公：「直接稅跟間接稅有什麼不同呢？」

老公回答：「這個嘛……譬如妳公開向我要錢，那就是直接稅。等我睡著時，妳又會摸走我口袋裡的錢，那就是間接稅。」

層層貪污

國王發現國庫幾乎一文不剩。於是，他立刻召來二十五位大臣，詢問他們何以如此，並且謀求解決之策。

「這到底是為什麼呢？」國王問道：「向百姓徵收了那麼多稅金，為何國庫幾乎一文錢也沒有呢？到底那些稅金到哪兒去啦？」

為了獲得答案，大家都望著財政部長。這時財政部長不慌不忙地取來一塊冰，如此說：「這塊冰能夠答覆陛下的質問。」

於是，財政部長把冰塊交給鄰坐的大臣，叫他拿一下，再交給下一位大臣。就這樣，冰塊在大臣之間繞行，待最後到達國王手中時，幾乎已完全變形了。

「陛下！」財政部長說：「這就是我們收取稅金時，所發生的實際現象啊！」

徵稅

這是發生於非洲新獨立國的事情。一位老原住民不得不前往稅務處

納稅。稅務處的人員對他說，政府就是使用人民繳出的稅金抵抗外敵的入侵，而且當他病倒時會受到照料，使他不至於饑餓，使孩子們能夠接受教育等。

「嗯……我懂了。」老人想了一下，如此說：「就好像我的狗兒餓了，向我要求食物，我就用刀子斬下牠的尾巴給牠吃。徵稅的意思原來就是這樣……」

該不該回去？

一個猶太人，漂流到無人島已經十八個月了。

有一天，當一艘輪船經過附近，船長派出一隻小艇救他時。一名船員帶了一大堆最近的報紙以及雜誌給他，並且告訴他：「船長說，你可能很想知道最近世界的情況。他交代我，你可以在閱讀過報紙、雜誌以後，再決定是否接受救助。」

「那實在是太難為你們了。」猶太人如此回答：「不過，我現在最需要的是一名會計，因為我已經有兩年不曾申報所得稅了。一想起稅務單位追討稅金的那副嘴臉，連我自己也拿不定主意，是否應該回去？」

首級

十六世紀的英國，也就是英國亨利八世跟法王法蘭西斯一世，鬧得很不愉快的時代，亨利八世叫外交部的湯瑪斯·摩亞寫一封言詞激烈的信，寄給法蘭西斯一世。

「可是，國王陛下……」摩亞抗議道：「陛下也知道，法蘭西斯一世暴躁成性，一旦寫那種信給他，他一定會斬掉在下的頭。」

「不用擔心。」亨利八世說：「他膽敢如此做的話，寡人就把倫敦

的法國人統統斬首。」

「國王陛下，您肯如此做，身為人臣的我十分感激……」摩亞說：「可是在下的肩膀上面，除了自己的這顆頭顱，別的任何頭顱都不會合適的啊……」

政亂

十九世紀的英國首相克拉多斯敦，在議會攻擊他的政敵戴斯雷里，並且如此地罵他：「你這傢伙以後不是被送上絞首台，就是罹患不名譽的病，鬱鬱而終……」

戴斯雷里連眉毛也不動一下地反擊說：「你的意思是說，如果我高興的接受你的政見，我就會飛黃騰達，甚至獲得你的女人，搞了之後，就會得了性病，對不對？」

針鋒相對

建國時代的美國，兩名國會議員騎馬到華盛頓。

當他倆通過絞首台側面時，其中一個人開了口——

「如果絞首台公平的被使用的話，今日你會在哪兒呢？」

「我想……我會單獨前往華盛頓。」另一個議員回答。

讓路

有一天下了大雨，導致華盛頓市的道路泥濘不堪，街上的人們只好在道路上舖上木板條以便行走。

當蘭道夫走在細細的木板上面時，他的政敵亨利·克雷正從對面走

過來。如果兩個人擦身而過的話，木板實在太狹窄了一些。

於是，亨利・克雷脹紅著一張臉說：「你聽著，我是一個不對惡黨讓路的人。」

「我剛好相反，我時常對惡黨這種傢伙讓路。」蘭道夫說罷，就走進一片泥濘裡。

去換朋友吧！

有一個政敵對戴高樂指著鼻子，罵說：「我的一群朋友，對閣下的政策很不滿！」

戴高樂回答：「既然如此，那你就去換朋友吧！」

最偉大的職業

三個猶太男人正在爭論。他們分別是醫生、建築師，以及政治家，爭論的主題是他們的職業之中，哪一種最為偉大。

醫生主張他的職業最偉大，因為神用亞當的肋骨製造了夏娃，這證明了外科手術在神的時代就已經存在了。

建築家則說：「建築業最為偉大，因為神是從一片混沌中，構築這個世界的。」

「嗯……那我問你們。」政治家開口說：「到底是誰有能力，製造了這些混沌呢？」

前途無限

一個猶太農夫很以他的兒子為傲，事情是這樣的——

有一天，他悄悄地進入兒子的房間裡，在他的桌上放置一本聖經、一美元的錢幣，以及一瓶威士忌酒，然後躲在暗處，想看看兒子會拿哪一樣東西，他認為憑此就可以看出兒子的將來。

不久以後，農夫的兒子進入房間，瞧了瞧桌子上面。他把錢幣放進口袋裡，把聖經挾在腋下，再舉起了酒瓶，喝了兩、三口威士忌酒，又「呵！」了一聲。

看到這種情形，猶太農夫自言自語地說——

「謝謝神的恩典，這個孩子一定會成為政治家。」

關於背叛

「老爸，什麼叫做叛徒呢？」孩子問共和黨的父親。

「叛徒也者，就是指從共和黨投入民主黨的這種傢伙！」

「嗯……那麼，如果從民主黨投到共和黨來的人又算什麼呢？」

父親如此回答：「嗯，這種人叫洗心革面者。」

自贖的布娃娃

一個少年製造了四個布娃娃，並且帶著它們參加鎮上的民主黨大集會。他在會場把布娃娃擺了起來，準備出售。

不久以後，一個議員來到了現場。

「小朋友，這是民主黨的布娃娃嗎？」議員問。

「是啊！」

「很好！」說著，議員購買了兩個布娃娃。

一個星期後，共和黨又在相同的地方開會。

少年把剩下的兩個布娃娃擺了起來，準備出售。經過了好幾個小時

後，方才有一個男士走了過來。

「這到底是什麼東西呀！」

「這是共和黨的布娃娃！」少年回答。

想不到這位男士就是上次買過布娃娃的民主黨員，他是悄悄來此地偵察的。他聽到少年這麼說之後，幾乎不敢相信。

「喂！你這狡猾的小鬼頭！上週你不是說那些是民主黨娃娃，而把它們賣給我嗎？怎麼今天它們又變成了共和黨的娃娃呢？」

「本來就是這樣呀！因為它們都有了自覺。」

真正愛黨的人

一名傾力支持共和黨的九十歲老伯伯，突然投向民主黨的懷裡，教人嚇了一跳。人們問他何以「晚年變節」時，他挺起胸膛如此回答──

「說真的，我生著時是共和黨的人，死了以後也是共和黨的鬼。不過，我的年紀一大把了，隨時都會離開這個世界。既然如此，為何不叫民主黨多死一個人呢？」

一較長短

選舉期間，在選舉事務所內，助選員們正談論著自己所擁護的候選者之長短。最後，群隊的領導者下了個結論──

「不必費神去談論他們了，這些人沒有一個是好東西。只要能夠獲得適當的好處，他們連自己的老媽都會賣掉！」

「你說得一點都沒錯。」其中一個人說：「可是，我支持的那一位候選人，還會把賣掉的老媽送到對方家裡去呢！」

選舉必勝法

在某一個選舉區內，有一個參議員每次都競選連任成功，這個議員是民主黨員，雖然家財萬貫，但是卻節省得離譜。他擁有一種選舉必勝法，那就是無論搭乘計程車，或是到餐館，或者到理髮店，他都不給小費，甚至還會說：「你必須將票投給共和黨！」

政治家的演說

阿拉摩的英雄戴比‧克羅凱多在演講時常常這樣說──

各位同胞，各位兄弟姊妹們！卡洛爾是政治家，傑克遜是英雄。至於我──克羅凱多，則是一匹馬。

各位同胞，各位兄弟姊妹們！大家都非難我跟人通姦，這實在是太冤枉了，至今為止，我還不曾跟自己不喜歡的有夫之婦私奔呢！

各位同胞，各位兄弟姊妹們！大家都非難我賭博，這根本就無憑無據，因為我一直都是使用現金。

各位同胞，各位兄弟姊妹們！大家都非難我是一個酒鬼，這真是太豈有此理了！我喝威士忌時，從來就不曾醉過啊！

何方神聖？

某一個議員為了再度參與選舉到處奔走，但是有些農村仍然頑強地反對他參與競選。為此，他針對該農村展開了選舉活動。他認為最初的作戰策略應該是給予農民一個好印象，所以便在競選車裡裝了強力的擴音機。

為了試用一下擴音機，他單獨開車到達遠離人煙的地方。他在山谷

間的寂靜處停車，再把擴音機開到最大的音量，重複說了幾遍：「請賜給班賽德博士一票！」因為擴音器的效果很強，他的聲音在山谷間響了起來，並且引起了回響。

翌日，該議員到位於農村中的雜貨店。他作夢也想不到，一向最反對他再度競選的山姆・瓊斯竟然在說服人們投他一票呢！

「這到底是怎麼一回事呀？山姆。」班賽德博士問他：「你不是一向最反對我再度出馬競選的嗎？怎麼又會改變主意了呢？是否我說的某些話改變了你的想法？」

「你並沒有對我說什麼話。」山姆搖搖頭說：「你歸你，我歸我，我倆沒有任何瓜葛。不過在昨天的黃昏，我發現了一件令人不可思議的事情。當我還在耕作時，天空那邊傳來了一陣聲音說：『請投班賽德博士一票！』我聽得很清楚，而且還聽了很多遍。既然是上天的旨意，誰敢違抗呢？誰又有斗膽敢跟『那一位神聖』唱反調呢？」

政治人物的應變能力

準備競選州議員的猶太男子專程到當地的拉比家拜訪，請他支持。拉比如此回答：「在決定以前，我要請教閣下，您喜歡喝酒嗎？」

競選議員的猶太男子回答：「在回答以前，我也有問題請教。你是在質問呢？或者想請我喝酒？」

笨蛋

有一個議員喜歡在議會空談，而且談起話來又臭又長，因此贏得了「空氣袋」的雅號。有一天，一個在耳朵裡裝了助聽器的議員把身子往前挪，想聽聽他的演說。一個口無遮攔的議員指著他說：「你們瞧瞧那

個笨蛋！對於好不容易獲得的『特赦』，竟然不懂得要好好地利用！」

我相信你就是了

一個猶太人到華盛頓觀光。他在國會前面停車，對著他身邊的陌生男子說：「您能不能替我看一下這部車子？」

「你知道我是誰？我可是合眾國的國會議員呀！」該男子說。

「噢……原來如此，我真是有眼不識泰山。」猶太人如此回答：「好吧！反正我相信您就是了。」

見風轉舵

國會議員回到選舉區時，他的長年好友去拜訪他。

「你知道嗎？你青梅竹馬的玩伴湯姆竟然有意跟你過不去……」

「坦白說……」議員如此回答：「那個老賊不管想做什麼事情，我都不會感到震驚的。反正，遲早他一定會被打進牢裡……」

「而且啊……」友人又說：「聽說德林傑那傢伙也要出來競選議員了呢……」

「他也是個齷齪鬼！」議員如此回答：「他幹了一些齷齪的事情，而讓我背了黑鍋，有空的話，我會一一地數落他的不是。」

「你呀……冷靜一下，好不好？」友人安撫議員道：「我是跟你打哈哈罷了。其實，他倆都很欽佩你，還想趁你還鄉時拜會你呢！」

「好啊！你教我說出了一些難聽的話。」議員說：「你玩弄我，教我誤會這個選舉區裡最好的兩個人，說出了一些不堪入耳的話。坦白說，他倆是所有我認識的人中，人格最高潔的，也是忠誠度最高的兩個好人啊！」

國立機構

有些政治家進入了議會，也有些搞政治的人進入監獄。

但其實結局都是一樣的，那就是：一切費用都是由人民來買單的！

商人的感嘆

「最近景氣如何？」一個男子問賣塑膠袋的猶太老闆。

「不行囉……壞透了！咱們這些零星的小企業，每年逢到選舉時就會坐立不安。」

「可是，你以前不是說過，有位著名的國會議員在幫你撐腰？」

「正是如此，咱們才會坐立不安呢！他落選後，塑膠袋被環保署公布停用了！我想，非得等到下次選舉，我們是無法翻身了。如今，只有那些紙袋工廠是賺錢的。」

大勢已去

一群共和黨大老在回顧過去的作為時，其中的一個人說：「我們在執政的時候，不管多麼蠢的傢伙，只要經咱們一提名，即可在各項選舉之中獲得勝利。」

「那麼，現在何以不能做到這種程度呢？」一個年輕男子問。

「哎呀！如今時代不同了，因為我們已經有兩次遭受到民主黨致命的打擊！」

「為何會那樣呢？」

「因為，當咱們還罩得住的時候，推薦了太多蠢貨的緣故！」

真正的滿足

某位退休的老政治家很是懷念過去窮極奢華的生活方式，他的周圍聚集了相同社會地位的人們，也就是所謂上流社會的男女，整日與豪華奢靡為伍。雖然如此，他並不感到滿足，他似乎不能從內心裡享受奢華的生活。平時，他感到甚為香醇的白蘭地酒，如今已經不能使他真正的滿足；當他所有的願望都實現時，他反而感覺到有些美中不足。原來，他感覺到最大的缺憾，乃是身邊缺少了又無知又悲慘的民眾。

偉人

在第二次世界大戰末期，也就是德國將要崩潰的前夕，義大利獨裁者墨索里尼被逮捕後，立刻接受軍法審判。結果他跟情婦克拉拉·貝達姬被槍斃，他倆的屍體被運到米蘭，吊在廣場示眾，最後被埋葬於沒有墓碑的墓穴裡面。

墨索里尼雖然死得很悽慘，但是他的靈魂到天堂時，卻很意外的受到歡迎。幾百萬名天使為他歌唱，並且讚揚他，為他戴上王冠，請他坐上王座。

墨索里尼環顧四周時，無意間看到了天神，感到甚為驚訝，因為天神的王冠以及王座都比他的小。墨索里尼感到有些不好意思，只好請教天神何以會如此。

天神恭敬的回答：「因為你比我偉大啊！我只能教人民一星期斷食一天，而你卻能長年叫他們挨餓呢！」

地獄的逃犯

東德共產黨黨魁威爾普利斯死後來到天堂。

「你來此地幹嘛？」聖貝德洛問。

「我想進去裡面。」威爾普利斯很傲慢地說。

「你想得美！」聖貝德洛嚴詞拒絕道：「你下地獄去吧！」

幾天以後，三個惡魔從地獄逃出來，大敲天堂的門。

惡魔以古怪的表情對聖貝德洛說：「我等是從地獄逃出來請求政治庇護的難民！」

識字

有個猶太作家應徵入伍，班長問：「你唸過書嗎？」

他答：「唸過。除了小學還唸過中學，而且在大學，取得了三個學位，還有……」

班長點點頭，高舉一塊橡皮印章在紙上蓋上了兩個字：「識字」。

密碼電報

「這是將軍發來的一封電報。」一個士兵前來報告，「是發給您個人的，上校。」

「你幫我唸吧！」上校命令道。

於是，通訊兵開始唸道：「我們這次的失利，首先應歸罪於你的愚蠢與無能！」

「啊！這是一份密碼電報，快交給我，由我來把它譯出來！」上校嚴肅地指示道。

第二章

豈有此理

人性

一個很寧靜的夜晚，警察局的電話幾乎沒有響過，值夜的新來警察感到非常無聊。

「會不會發生驚天動地的事情呢？」他對夥伴說：「為何這一星期如此的安靜呢？不但沒有殺人案件、搶奪事件、強姦事件，甚至連竊案都沒有一件，只有一些小小的交通違規事件，以及保護醉鬼的差事，實在教人感到無聊透頂！」

「得了……你別垂頭喪氣了！」老警官說：「犯罪案正一刻一刻地逼近。殺人、搶奪、強姦，以及各種犯罪就要陸續的發生了……因為，我早就看透了人性……」

烏龍警察

一個犯過殺人、搶劫、強姦，以及詐欺罪的無期徒刑的犯人，突然越獄逃走。州警察怕他再次犯下罪行，因此立刻佈下天羅地網，並且在全國各地張貼四種不同造型罪犯照片。

不久以後，有人打電話給尼巴達州的警察局。原來，是位剛到賭場巡邏的警察打來的。

「我瞧見他們了！殺人、搶劫犯逃掉了，不過強姦犯跟詐欺犯因為在遭逮捕時抵抗，所以我把他倆都給斃了！」

判斷力

德克薩斯州有一個犯下殺了四十多條人命的惡煞，想不到在易爾巴索的酒吧被射殺了，子彈打進了頭部。

這件事立刻引起了一陣議論。有人說那惡煞是從正面被射殺，也有人判斷他是被人從背後暗算。

不過關於這個疑問，由於當地的警察局長下了適切的結論，以致沒有人再提起它了。所長的意思是這樣的──

「如果子彈射過兩眼中間的話，那麼這個人一定是神槍手；倘若是從背後射殺的話，那個傢伙一定具有卓越的判斷力！」

倒楣的傢伙

外地的一個猶太司機在一個小城鎮發生了車禍，結果被逮捕，送進了拘留所。

「可是……警官先生……」他不服氣的抗議道：「我並沒有違反交通規則呀！我並沒有超速。是那個年輕人在飆車才撞上我的。在這種情況之下，我為什麼要負責任呢？我到底什麼地方不對呀！」

「你也感到不對勁吧？」警官皮笑肉不笑地說：「怪就應該怪在那個年輕人的父親是市長，他的哥哥是警察局局長，我的上司，而他的妹妹就快跟我結婚了！」

求求你

某一夜，有個警官正在巡邏時，看見一個猶太男子跨過橋欄，正要縱身跳入河裡。

「喂！等一等！」警官迅速的抓住該男子，並把他拉下橋欄。

「求求你做一件好事行不行？」警官對該男子說：「你一旦從此地跳下去，我也得隨著你跳下。今晚太冷了，在救護車開到此地之前，你一定會凍死，而且我又不太會游泳，很可能會溺斃。我有一個老婆，五

個小孩。依我看，你一定有什麼很嚴重的事情。不過，我求你行行好，積一些功德，回家去用上吊的方式了結吧！」

五人份

有一天，警官去拜訪芝加哥的猶太人黑社會頭子，因為有一名警官死亡，他要求黑社會老大出五萬元的埋葬費。

「好啊！」猶太人黑社會老大說：「那我捐二十五萬元，你就順便埋掉我管區裡的另外四位警察吧！」

業務機密

偷雞的慣犯被逮到了，在派出所接受詢問。

刑警很想知道這名猶太小偷使用何種方式偷雞，因為擺著雞舍的庭院夜晚都有狼犬看守，只要稍有動靜，家裡的人就會驚醒。

猶太小偷是一個非常精明的傢伙，不管警察如何逼問，他還是不肯說出本身的「業務祕密」。

「刑警先生，」猶太小偷說：「即使我告訴你，對你也毫無益處。因為，就算你依我的辦法進行，到頭來，不是被逮個正著，就是屁股挨散彈，何苦來哉？依我看，你還是專搞這種與我們這行業『唱反調』的差事，比較合適！」

理由充分

兩個警察為了分賄賂的錢財發生了爭執。

其中一個人說：「我的清廉公正一向聞名全局，我一直為了維護警

界的美名而努力，所以我實在應該多分一些。」

最好的證據

警方的精神鑑定醫生遭到搶劫時，仔細地看了強盜，發現該強盜就是三天以前由他鑑定為有精神障礙而被釋放的猶太男子。

「喂！」醫生表示抗議：「我是你的恩人呀！你難道不記得了？當你因為強盜殺人而被判無期徒刑時，不是我斷定你有精神障礙，而使你變成無罪的嗎？」

「我當然記得你囉！」猶太男子把醫生的錢包、手錶收入自己的懷裡，然後說：「搶劫恩人不就是精神障礙的最好證明嗎？」

狡猾的律師

陪審團員一致決議，認為被告有罪。不過，律師要求在審判官判決以前讓他說一句話。審判官答應他，他說：

「審判長，侵入家宅，犯下竊盜罪者，並非我的當事人。的確，發現窗戶洞開，伸入右臂，取走手提包及寶石者，的確是我的當事人。不過，他的右臂跟他本人是分開來的兩個『東西』。我的當事人只用一隻手臂犯罪，如此的行為還得接受處罰嗎？」

「嗯……有道理。」審判官回答：「我接受你的辯論。基於此，我要判定被告的右臂兩年零兩天的徒刑。被告可陪同右臂服刑，或者單純使右臂服刑。被告可以自由選擇。」

聽到了這項判決時，被告靜靜地卸下自己的右邊義肢，把它交給愕然的審判官，然後跟律師大步地走出了法院。

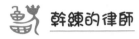 ## 幹練的律師

猶太律師乃是代代相傳的律師家族。這件事情發生於他曾祖父在鄉下開業時，當時的雇主是一個因為偷了三隻豬而被審判的農夫。

有三個人目睹該農夫偷豬，但猶太律師的曾祖父一點也沒有畏懼之色。他對審判官說：「有三個人目擊到我的當事人偷豬，但是我可以提出不曾看到我的當事人偷豬的十二個證人。請審判官考慮一下，是三個人對，還是十二個人對呢？」

審判官仔細的思考了一下說：「既然十二個人都沒有看到，只有三個人目睹到，那麼本庭宣布被告的罪名不成立。」

專家的意見

湯姆的朋友馬克斯看到他用拐杖走路時，很關心地問他到底發生了什麼事。

「夠倒楣的，三個月前被公車撞了一下！」湯姆回答。

「什麼？在三個月以前被公車撞了一下？」馬克斯吃驚地說：「那你現在還需要拐杖嗎？」

「其實……」湯姆回答：「醫生老早就說不需要拐杖了，可是那個猶太律師卻說還是暫時用拐杖走路比較好，因為保險公司的賠償金還沒下來啊！」

責任

年輕的律師將替某被告辯護。這個被告是一名慣犯，所以這案子幾乎沒有勝訴的機會。

陪審員給年輕的律師一個小時的最後辯論時間，誰知在休息時，年輕律師跟年長的猶太律師打商量，希望把最後辯論縮短為十五分鐘。

「我看，你就儘量拖長時間吧！不然帳單要怎麼開？」年紀大的猶太律師語意深長地說。

律師的意見

有一個男人去找猶太律師請教問題。

「其實，那不是什麼大不了的問題。我家跟鄰居瓊恩家之間有一道牆，問題就出在這道牆的位置。瓊恩說，這一面牆侵入了他的土地，我則認為它根本就是在我的地面上。如果你站在我的立場的話，你會如何處置呢？」

「這個嘛……」律師考慮了一下說：「如果我是你的話，我會招待瓊恩先生喝酒，並且讚揚他的家族，如此就能夠解決土地問題。不過，我既然是你聘用的律師，當然會慫恿你去控告不講理的瓊恩先生。你絕不能屈服於他的霸道之下，你必須以身為一個熱血的美國人，跟他爭鬥到底。至於費用，我會叫祕書在這星期內以書面資料通知你！」

公正

在某一個地方，以廣大的牧草地帶為中心，掀起了一場紛爭。因為當地居民在地下發現了很值錢的礦脈，兩派人士針對開發與否的問題，很激烈的對立著。

為了解決這個問題，他們選出了一個審判官。這兩派人士都不知審判官所下的決定將對哪一派有利。為了獲得審判官的好感，雙方都展開種種的活動，但是仍然無法知道審判官的決定對哪一方有利。

豈有此理

在公布大會的當天,審判官發表演說道——

「各位紳士,關於我將下達的決定,我將做到公平無私的地步。除了『法』以及明顯的證據以外,我絕不受到任何東西所左右。昨夜我收到了兩個信封,其中的一個裝四千美元,另一個信封裝五千美元。為了不招致『判決』被左右的嫌疑,我把一千美元送回給包五千元的一方。結果呢?兩者就站在對等的立場了。憑此,我將會在今天進行一場公平的審議!」

新發現

「到底發生了什麼事呢?」審判官問猶太律師:「為何你要重新為當事人辯護呢?」

「我是基於新發現的證據,閣下!」猶太律師回答。

「你所謂的新證據,又是指什麼呢?」

「閣下,我發現我的當事人還擁有五千美元哩!」

沒有辯護的餘地

被控告席捲了十萬美元逃走的男子,在沒有律師的辯護之下出庭。

「你的律師到什麼地方去啦?」審判官問:「難道你沒有聘用律師嗎?」

「噢……不……我是聘用了。」被告回答:「但是,當他獲知我沒有偷那十萬美元時,他就不幹了。」

犯罪者定義

所謂的「犯罪者」，乃是指沒有能力聘用律師的人。

無罪

一位著名的猶太醫生在郊外的一塊地建立豪華的宅第。撇開他的醫術不說，他的確是生財有道。一個幹練的猶太律師居住在醫生家附近，不過他從來不給這個醫生看病。

在某一項審判裡，那位猶太醫生擔任檢察官方面的證人，對被告提出了不利的證詞。被告僱用了那位幹練的猶太律師。

站在對方立場的律師問道：「塔爾伯德是大夫您的病人嗎？」

「正是！」醫生回答。

「如今，塔爾伯德安在？」

「他已經去世了。」

就這樣，律師舉出往日是醫生治療的病患，如今都已作古的著名人物，並一一的探查他們的消息。每逢律師詢問：「此人安在？」醫生就答以：「已經去世。」

經過這樣一連串的詢問以後，猶太律師說：「我已經問完了，真是辛苦您了！」然後離席。

審判的結果，被告當然被判無罪。原因是——沒有證人。

你自己放棄的！

為了富有的猶太人，律師圓滿地解決了難纏的訴訟官司。打贏官司以後，猶太人力讚律師的高明，並且贈送他一個摩洛哥的漂亮錢包。

律師以非常意外的眼光瞧著那個錢包，很不高興地把它推回去。

「關於這一次官司，我的報酬應該是……」律師面露不高興的神情說：「五百美元才對！」

猶太人於是打開了那個錢包，把裡面一張千元面額的支票取出來，再換上一張五百元面額的支票，皮笑肉不笑地把它交給律師。

重蹈覆轍

一個年輕的富婆在雞尾酒會上碰到一個職業高爾夫球選手。她說了一些自己打高爾夫球的趣事，而對方也給她一些打球方面的意見。

幾天後，職業高爾夫球選手寄了一張帳單給富婆，面額是兩百美元。富婆以為對方是在開玩笑，慎重地打電話詢問，想不到職業高爾夫球選手卻說，那是他依規定提供意見的費用，並叮嚀她一定要繳付。

富婆想整一下職業高爾夫球選手，因此跟一個猶太律師友人商量。律師也說，在那種情況下索取報酬實在很不合理，末了還對富婆說，如果那名選手再有任何要求的話，他可以為她介紹一個幹練的律師。

誰知到了翌日，那個猶太律師也寄了一張兩百美元的帳單給她。走投無路的她，只好對兩個男人各付了兩百美元。

報酬

好久不曾進城的鄉巴佬，一時疏忽喝過了頭。因為走夜路回到鄉下太危險，同時他也懶得在酒後走那麼長的路，所以便進入一家旅社過夜。方才跨入房間，他就想起了自己懷裡藏著賣牛的五百美元，於是他把那些錢寄在掌櫃那兒。

翌日早晨，鄉巴佬向掌櫃索回五百美元，想不到掌櫃卻說：「你一

定是見了鬼，否則怎會亂說話呢？我看你可能還沒睡醒吧？」

鄉巴佬怒不可遏時，掌櫃反過來問他：「請問，你有沒有收條？」

「我沒有什麼收條。可是，我分明是把五張百元大鈔交給了你，而且我也瞧到你把它們放入信封裡面。」

「真對不起你……我根本就沒有拿你的五張大鈔。」

鄉巴佬怒不可遏，為了報復，他去拜訪一個幹練的猶太律師。後者在傾聽完鄉巴佬的訴苦後，對他說：「依我看，你就再到那家旅館過夜一次吧！同時，別忘了再把五百美元寄在掌櫃那兒。不過，你必須帶一個朋友同行。經過兩、三個小時以後，你就單獨到掌櫃那兒把五百美元取回來。這一次他一定會還給你的，因為你寄錢時有朋友同行。換句話說，有證人看過你寄錢，掌櫃絕對不敢耍賴。之後再隔幾天，你又由那位朋友陪著，對掌櫃說：『請你把那天我寄的五百美元還給我吧！』」

掌櫃會暗叫一聲：「『不妙！』而把以前的五百美元還給你。」

鄉巴佬依照律師所交代的方法進行，果然使前次那五百美元失而復得。他喜氣洋洋地跑去向律師道謝，稱讚他腦筋好。

「那麼在費用方面，我應該付你多少錢呢？」鄉巴佬問。

「你就給我五百美元吧！」

「……」

證人

猶太人的漢森被逮捕了，他聘請了一位律師。他說：「如果打贏了這場官司，我給你一萬美元報酬！」

「好的！」律師說：「我們去找一個證人。」

果然律師找來了一個證人，終於打贏了那一場官司。

律師對漢森說：「好啊！咱們終於打贏了這場官司，那麼你說要給

豈有此理

我的一萬美元呢？」

「什麼？」

「錢呀！我們不是說好一萬美元嗎？」

「好吧……」漢森回答：「你就帶一個證人來吧！」

職業軍人的本性

職業軍人湯比酷愛自己的職業，舉手投足，說話辦事無不透著軍人的風格，就連自己的家裡布置都充滿著軍旅氣息。

餐廳的門上掛著牌子「食堂」

浴室門上貼著「軍人澡堂」

兒子臥室註明「男兵宿舍」

女兒臥室註明「女兵宿舍」

湯比和太太的臥室門上赫然大寫；「新兵培訓中心」

醫生

唯一害怕「人人健康」者，乃是醫生。

貧窮的好處

貧窮唯一的好處，乃是有了病痛時，醫生都會儘快地把你治好，以免麻煩。

前後不一

查理被魚骨梗住喉嚨，苦不堪言，在快要窒息以前被送進西奈山醫院。他認為這一次死定了，痛苦之餘在內心裡想著——如果能夠逃出這一劫，他願意放棄所有的財物。不久以後，猶太醫生取出了魚骨，痛苦在瞬間就消失了。

查理彷彿撿回了一條命對猶太醫生說：「大夫，我這個症狀，保險應該會支付吧？」

語無倫次

「嗯……」醫生說：「你的病情很嚴重，不過我能夠把你治好。」

「大夫……」病人哀求似地說：「只要您治好我的病，您蓋新醫院時，我會捐獻五十萬美元。」

幾個月後，醫生問他的病人：「最近你感覺如何？」

「嗯……我感到非常爽快。大夫，有生以來我不曾如此愉快過。」

「那就好了……」醫生有一點口吃的說：「那……麼……你說……要捐獻的五十萬美元呢？」

「天哪！人夫，您說些什麼來著？」病人反問醫生。

「你曾經說過，等我治好你的病，你就要捐獻五十萬美元啊！」

「我曾經那樣說過嗎？」病人淡淡地回答：「可見當時我的病有多嚴重，竟然語無倫次……」

密醫

「我認識一位很了不起的醫生。」薩姆對同事泰勒說：「逢到缺乏

開刀費用時，他就會修正我的X光片。不久以前，我腳痛不良於行，他保證我能夠在一個小時內走路。結果一點也不假。你知道為什麼嗎？因為那位天殺的密醫竟然偷了我的車子，我只好走路回家。」

為什麼要如此做？

新來的醫生蹲在病人的床邊，用手指在病人的胸部敲打，並且貼近耳朵傾聽。病人問他為何要如此做時，新來的醫生回答：「說實在的，我也不知其所以然，不過在電影裡醫生不是都這樣做的嗎？」

處方

一個無病呻吟的男子對猶太醫生訴說種種不舒服的症狀後，強調他的耳朵也不靈了。「而且越來越厲害了呢！」病人說：「就連自己的咳嗽聲也幾乎聽不見了。」

猶太醫生給病人開了處方。

「吃這種藥，我的耳朵就會好起來嗎？」該男子問。

「不！」猶太醫生回答：「吃了這種藥，你的咳嗽會更大聲！」

健忘

開刀後，猶太病人回到了病房。

「嗯……我的一條命總算是撿回來了。」他自言自語地說著。

「你別高興得過早。」鄰床的病人說：「以我的情形來說，醫生竟然把紗布遺忘在我的肚子裡，以致又再開了第二次刀呢！」

對面床的病人也附和著說：「可不是嗎？你千萬別掉以輕心！醫生

也曾把小夾子遺忘在我的肚子裡，害我又開了一次刀……」

就在這時，外科醫生慌慌張張地來到了病房說：「喂！你們看到我的眼鏡沒有？」

頓時這位剛剛開完刀的猶太人，就昏了過去了。

刺激療法

一個老人在醫院的候診處等著診療。他才坐下來不久，就看到一個修女哭叫著從診療室跑了出去。

老人進入診療室以後，詢問醫生那可憐的修女到底發生了什麼事？

「你別擔心。」醫生笑嘻嘻地說：「那位修女為打嗝所苦惱。為了治好打嗝的毛病，採用刺激療法最好。因此我才打誑語說：『你懷孕了！』以致她嚇得痛哭失聲，當然病也好了。」

健康的祕訣

馬克吐溫曾說：維護健康的唯一方法，乃是吃你不想吃的東西，喝你不想喝的東西，再做一些你絕對不想做的事情。只要做到這些那就足夠了。

病從眼入

一位猶太名醫，下了如此的診斷──

「何先生，你的胃潰瘍並非是因工作或家庭的問題所引起，而是在於看電視過多，眼睛引起了潰瘍，以致造成食慾不振及失眠症。」

「什麼？眼睛潰瘍？」何先生驚駭道：「可是，我看的電視節目只

限於新聞呀！」

「就是囉，正是這個原因。」猶太醫生斷然地說：「你看了黃昏時段的社會新聞，處處都是血腥暴力色情的不幸事件，才會不想吃飯，而變成了食慾不振。又看了夜晚十一點鐘的電視新聞，聽那些無恥的政客男盜女娼侃侃而談，於是便不想睡覺。你想想看，不想吃又不想睡，你怎能不病？又加上煩惱，於是變成了胃潰瘍，那病因不是來自眼睛，又是什麼呢？」

 **日新月異**

病患對猶太醫生訴苦：「我睡不著覺。」

猶太醫生就叫他在臨睡以前喝一點牛奶。

「可是，大夫……」病患抗議道：「兩個月前，我給您診斷時，您不是對我說過，睡前不能吃東西嗎？」

「你就別死心眼啦！」猶太醫生聽了，十分生氣地說：「你要知道，醫學是日新月異的呀！」

名醫

十八世紀的英國著名醫生沙米爾‧卡斯嗜酒如命。有一天，卡斯在他最喜歡的俱樂部流連忘返，喝到很晚還捨不得離開。

這時，有一個他認識的男子，對他忠告說：「喂！卡斯，你就別再喝了，你快點去看看那些病人呀！」

「急什麼？今夜我是否去看他們已經沒什麼差別了。」卡斯很高興地回答：「九個病人已經沒有體力了，就算全世界的醫生都集合起來，對他們也沒有什麼用處了。剩餘下來的六個人，體力非常的充沛，就算

全世界的醫生都集合起來，仍然殺不了他們！」

真正死因

有一個非常正直的猶太醫生，有一天在開病人的「死亡證明書」時，把自己的名字填入了「死因」的那一欄。

沮喪的原因

「你振作起來呀！」猶太醫生對沮喪萬分地病患說：「我以前也罹患過這種疾病呢！」

聽了這句話，病患無力的抬起頭來說：「可是……大夫，你是由別的醫生來診治的呀！」

診斷的時間

「大夫，我給別的醫生診斷的結果，他們的說法跟你的診斷完全不一樣呢！」病患對自己的主治醫生抱怨。

「那是我預料中的事情，其他的醫生當然會說不一樣的話。」醫生很冷靜地回答：「管他們呢！我的說法是否正確，等到你死了之後解剖就知道了。」

介紹方式

觀光巴士來到了著名大學醫學院的前面。導遊說，此地是大學的中心，也可以說是大學的頭腦。同時，他又指了院長室那棟建築物。

「那一位赫赫有名的院長就居住在那兒。他的照片時常在報紙、雜誌上面出現，同時他也頻繁地活躍在電視及電台，諒必每一個人都認得他。大家有沒有意思趁此機會認識他呢？」眾人一致點頭。

「好的，只要他在院長室，我們就能夠看到他。」導遊說罷，再從地上抓了一把小石子，朝向院長室打開的窗戶投進去。

如此一來，一個滿面通紅的人物馬上在窗邊出現，用著一張可怕的臉，瞪著這些觀光客。

「他一向都是這種德行！」導遊說：「請大家仔細瞧瞧，他就是這家名聞遐邇的醫院大家長！」

以貌取人！

一位婦女訪問精神醫院。她抓住一個男子，跟他瞎扯了好久的一段時間。例如，院方人員如何待他？在瘋人院居住了多久？以及對什麼東西最有興趣等等。反正，她想要知道的事情幾乎全都問過了。

那一位婦女離開那個「病人」，跟引導人員一塊走時，她看到那個男子回首向她露齒一笑。她感到納悶，問引導人員那個男子是誰？引導的人說：「他就是院長呀！」

那一位婦女嚇呆了！立刻走到院長身邊賠罪。

「院長，對不起，以後我再也不敢憑外貌判斷一個人了。」

稱呼

一位猶太老婦人進入醫生的房間，由於這位醫生也擔任大學教授，所以老婦人不知該如何稱呼他才好。

「我實在不知如何稱呼您……我稱呼您醫生好呢？還是稱呼您教授

比較恰當？」

「那就隨便您吧！」教授笑著回答：「實際上，也有人在背後叫我老頑固哩！」

「天啊！」老婦人說：「我想那些人一定很了解您……」

進退維谷

一位被精神分析醫生僱用的女祕書辭退了工作。她的薪水很不錯，工作又輕鬆，所以她的朋友弄不清楚為何她要辭掉工作？

女祕書如此解釋：「如果遲到的話，老闆就會說：『妳對工作充滿敵意。』不到上班時間就到診所的話，又會被診斷為『罹患驚恐不安症』；按照時間上班的話，老闆又會說：『妳被強迫觀念所糾纏。』真教人感到進退維谷……」

女病人的建議

醫生工作到深夜才回家。他在內心祈求上蒼，今夜就讓他好好睡上一覺，不要在三更半夜又把他弄醒。誰知他才剛剛躺到床上，電話鈴聲就響了起來。

醫生對他的妻子說：「妳就跟對方說，我還沒有回來。」

「醫生不在家！」醫生的妻子回答。

「真的嗎？」電話那邊傳來嬌滴滴的聲音：「我一向是由妳家的醫生診治，不知怎麼的？今天晚上我的胸部突然疼了起來……如果他回家，妳就立刻叫他快來呀！」

醫生就告訴他的妻子處置的方法，他的妻子透過電話告訴對方：「只要如此如此……妳很快就會好起來的。」

　　「謝謝妳哪！太太。」那個女人說：「我想剛才指示妳的人，一定具有醫生的資格！不過，妳要搞男人為什麼還要選醫生呢？他們不都是很無聊嗎？」

慎重的人

　　一個矮小枯瘦的老太婆用懷疑的眼光瞧著西藥房的老闆說：「請問，您的確具有藥劑師的資格嗎？」

　　「那當然，我是藥劑系畢業的。」老闆如此回答。

　　「各種考試你全部都通過了嗎？」老太婆很不放心的問。

　　「那還用說嗎？當然每一項都通過了。」藥劑師回答。

　　「到目前為止，你曾在疏忽之下把毒藥賣給客人嗎？」

　　「我才沒有那麼差勁呢！」

　　「那就好。」老太婆說：「那你就給我一張可以止痛的風濕藥膏，我的老毛病又犯了！」

太遲了！

　　在醫科大學的口試時，教授質問一名女學生：「應該對病患用多少這種藥品呢？」

　　女學生回答：「8公克。」

　　經過幾分鐘後，女學生突然感到不對勁。「教授，人家要訂正剛才的答案，應該是2公克才對。」她撒嬌地說著。

　　教授看了看手錶說：「很遺憾，妳現在要改過來太遲了，因為病患已經在兩分鐘之前死掉了！」

雙重身分！

醫學院的一名猶太學生在暑假裡打工。白天他充當肉店老闆的助手，屠殺牛、豬，並且把牠們分割，夜裡則到附近的醫院幫忙。這兩種職業都必須穿白衣服，這使該學生感到很愜意。

某一夜，他把病人推進開刀房。病患是住在肉店隔壁的女人。她抬頭看了一下搬運者以後，突然尖叫了起來，並且以很恐懼的聲調說：「天哪！他可是一個屠夫呀！」

庸醫誤人

有一個男子死了之後到了天堂。在天堂大門把關的聖貝德洛查看名冊時，發現並沒有該男子的名字，於是該男子又到地獄瞧瞧，誰知地獄的魔頭也說：「此地不是你應該來的地方。」而把他趕了出去。

該男子在不得已之下又回到了天堂。聖貝德洛眼看著該男子又回來，只好仔細的翻看各種紀錄，終於恍然大悟！

「我已經查出來了。不過，你還有十年的陽壽呀！怎麼提早來報到了呢？你到底是看了哪一個醫生啊？」

醫生的天空

美國第三任總統湯馬斯·傑弗遜生平最討厭醫生，他時常如此說：「當三個醫生站在一塊交談時，你不妨看看他們頭頂上的天空，必定有一些禿鷹在那兒盤旋。」

在商言商

一座五星級的度假飯店正在召開醫師的年度大會，全國的開業醫師都集中在那兒。

在這座飯店裡，皮貨的批發商人也正在此召開一年一次的大會。入夜以後，酒吧充滿了醫生及批發商人，顯得熱鬧非凡。

這時有位神采飛揚的軍人進入酒吧，坐到櫃台的一端。看到了這種情形，一個醫生對他隔座的皮貨商人說：「事實上，在孩童時代我一直想成為軍人，並且醉心於閱讀拿破崙的傳記。想不到，後來我的父母不允許，所以只好當了一名醫生。」

「我能體會你的感受。」皮貨商人同情的說：「人生本來就無法預料。有很多人抱著『批發』的野心，然而只能夠從事『零售』的工作，這種人我實在看多了。」

公平

世上的每一件事都很公平，體重就是一個例子──體重越重，搬著它走動的時間就越短。

大食客的定義

大食客所吃下的東西，一半幫著他維生，剩下的一半則催他死亡。

美味可口

大饑荒席捲了食人族的部落，使食人族死了泰半。可就在這個節骨

眼上，一個政客因狩獵而迷了路，進入了食人族的部落。酋長襲擊該政客，並把他綁在樹幹上，但是卻很快地就幫他鬆綁了。

「嗯……我認得你，你是一個名人。」酋長對政客說：「我在電視上時看過你。你是很出色的政治家，你做了很多好事。你實在是一個很了不起的人物。」

「酋長，您跟他說那麼一大堆幹嘛？難道您不想吃他？」部落的一個居民憋不住，如此地問。

「你們太不了解政客了。所謂的政客，只要讚美他幾句，他就會得意忘形，身體也就會日漸膨脹。我就是要讓他膨脹起來，吃起來才會更美味可口呀！」酋長回答。

高等動物

只有人類才能夠跟自己想「吃」的對手友好。

上天所派來的

食人族快要餓死光了，無論是進攻哪一個部落，都被打得落花流水，根本就無法抓到半個敵人。

不過，上天並沒有遺棄他們，因為在樹上的偵察探子說傳來了——

「有兩個胖嘟嘟的傳教士，正朝這邊走過來！」

只是淺嘗

一個傳教士在叢林裡面消失了，教團只好派遣一個繼任者。

「你們知道什麼叫宗教家嗎？」新任的傳教士詢問食人族的酋長。

「關於這個問題嘛……你的前一任傳教士來此地時,我只是淺嚐了一下……」

愛的界限

某位食人族酋長說:「我曾經說過愛的真諦,不過想從彼此吞食的民族變成彼此親吻的民族,還實在是很難的一件事。」

太慘啦!

一個食人族的男孩在叢林散步時,對面的同伴走了過來,問他最近的運氣如何?

「太慘啦!」該男孩很憂鬱地回答:「實在太慘了!昨天只抓到一個瘦巴巴的白小子。因為他渾身一點油水也沒有,還得等一個月才能夠吃。想不到今天更『衰』呢!」

「哦?難道有什麼事情,比那一件事情更『衰』嗎?」

該男孩以陰鬱的口吻說:「那個白小子的老婆來討回老公。乖乖……她足足有八十公斤!看起來油水非常多。我認為她一定很好吃,因為肚子太餓,忘了女人擅長咬人,結果我撲到她身上時……一不小心就變成這樣了……」該男孩出示他差一點就被咬斷的手。

真實年齡

一個探險家帶著老婆到非洲探險,很不幸被食人族抓到了。所幸,酋長有一個鐵則,那就是絕對不吃超過四十歲的人。

「就是在那時……」探險家回顧當時的情形說:「我生平第一次聽

到老婆在公眾面前，說出她真實的年齡。」

今天的菜單

「我最討厭我的丈母娘了。」有位食人族的年輕男子在吃飯時，對鄰坐的同伴如此說。

「是嗎？那麼你不要動那些肉，就吃蔬菜吧！」鄰座的男子說。

鮮湯

兩個食人族的男人在一堆柴火旁閒談。

「實在很不錯，那些湯很鮮，很開胃。」一個食人族說。

「是啊，我老婆一向很會做湯。」主人說：「不過，今天這一道湯就是我老婆變成的。」

文化

這個部落的土著在昔日有種嗜食人肉的陋習。雖說是「昔日」，實際上並非很久以前的事情。這個部落最後的「品嚐人肉派對」，是在二次世界大戰期間舉行的。那被吃掉的倒楣者，是一名降落到該部落的美國傘兵。

二次世界大戰後，美國人為了掃除這種野蠻習俗，努力了一段很長的時間。該食人族稱人肉為「連」。美國人為了阻止他們吃「連」，不斷地運來牛肉，同時對於吃「連」的人，處以死刑。

戰後三十年，這個食人族也文明了，食人的野蠻行為似乎已經絕跡。他們不敢冒著被處死的危險而吃「連」，但是卻把牛肉也稱為

「連」。這些食人族藉著改變稱呼的方式，試圖保存他們昔日的「美好習俗」。因為他們之所以吃陣亡勇士的肉，啜他們的血，乃是要繼承該勇士的勇氣以及力氣的緣故。最好的證據就是，他們之間並沒有癡肥的人。然而，自從吃了牛肉以後，癡肥而膽小的人卻增加了很多。

一直空運牛肉接濟食人族的美國人，碰到國內的景氣轉為蕭條時，改為利用船舶運輸牛肉，以致鮮肉變成冷凍肉，於是食人族向美國人提出抗議：「破壞了他人的『文化』以後，又不曉得負起責任來，那種『肉』叫我們怎麼吃呢？」

野蠻人

波蘭的人類學者在第一次大戰期間，進入新幾內亞的食人族部落做研究。有一天，他告訴這個部落的人們，歐洲正在進行大規模的戰爭。食人族酋長問他，歐洲人如何去吃大量的人肉。波蘭人告訴他們，歐洲人絕對不吃敵人的肉。聽了這一句話，食人族酋長大為驚訝地說：「歐洲人真『野蠻』，既然不想吃人肉，幹嘛非掀起戰爭不可！」

外殼不能吃

食人族的母親帶著她的小孩，站立在叢林的空地上。那時剛好有一架飛機飛過，小孩子就問他的母親：「媽媽，那種飛機好吃嗎？」

「那種東西嘛……」母親回答他：「它就像蝦子一樣，只能夠吃裡面的『東西』。」

菜單

　　食人族青年穿著西服，上過文明世界的大學，並且養成了文明社會的習慣。不過，本性難移。有一次，他搭乘大西洋航線的豪華客輪旅行，當他進入餐室時，服務員對他說：「您要不要一份菜單？」

　　「不必了，請給我一份旅客名單。」食人族的青年說。

第三章

愛你的鄰人

毒菇

大富豪的猶太遺孀史潘夫人的晚宴會，在社交界可說人人皆知，無人不曉。只要是上流社會的人，就算從未接到她的邀請，但是至少也風聞過對她晚宴會的評價。

有一天，史潘宅邸發生了一件事情。那時，為了準備夜晚的派對，佣人們都忙得團團轉，偏偏烹飪領班嚷著說：「看來非跟史潘夫人談談不可。」

史潘夫人進入廚房時，烹飪領班正對著一些從歐洲運來的草菇，兩手托著下巴發愣。

史潘夫人問了烹飪領班之後，方才得知草菇有點怪味。在平常的日子裡，這個烹飪領班就是一個神經質的人，而史潘夫人就是激賞他那種過敏的神經，認為這正是他發揮烹飪手腕的要素。史潘夫人用手拿了一些草菇嗅了一下，認為沒有什麼不對勁的地方。

不過話又說回來了，菇類如屬有毒是非常可怕的事，就算沒有死，一旦中了毒，痛苦的程度實在教人難以言喻。那麼是否要取消菇類的菜餚呢？那是不可能的，今夜的客人就是等著吃這一道美味，如果去掉了菇類，今夜的菜餚就很難以成功，甚至會使派對黯然無光。

在這種進退維谷的情況下，史潘夫人迅速的下了個決定。她叫佣人牽來飼養的狗，再叫牠吃淋滿了調味料的菇類。狗兒吃得很高興，在打了一個嗝以後，又跑出去了。

史潘夫人自始至終看得很清楚，因此叮嚀烹飪領班照常做出草菇湯，再叮嚀年輕的女佣人，要盯住那隻狗，一有情況就對她報告。

這一次的晚餐會非常成功。當宴會剛結束時，那一位年輕的女佣人急忙忙地衝去找史潘夫人。

「太太，狗兒死了！」年輕的女佣人說。

史潘夫人嚇了一大跳，她奔出餐室，打電話到最近的醫院說，不久將有十七名草菇中毒者送進來。同時，為了敘述病狀，史潘夫人質問女佣人狗兒是如何死的？

女佣人聽了歪著腦袋，回答說：「那隻狗兒被車子撞到時，天已經黑了，所以……我看得不是很清楚……」

母狗

一個美國人從倫敦搭乘開往利物浦的火車。火車裡的旅客很多，他根本就沒有位子坐。想到必須站四個小時，他立刻感到頭昏腦脹。他看了一下四周，終於發現一個帶著母狗的女人，給她的狗兒一個人的座位。於是美國人對那女人說：「妳叫狗兒下去！讓我坐一下。」

「那可不行！我不能讓你坐。這隻狗兒不喜歡坐貨車，況且我也替牠買了票！」女人說。

美國人說如果他願意抱著狗兒，是否能讓他坐下來。

「不行！」那女人一點也不通融。

美國人火大了！他抓著那隻母狗，把牠拋到窗外，再坐到那個位置上，那個女人氣得又哭又鬧，搞得全車廂的人都不得安寧……

於是，坐在旁邊的猶太老紳士把身子靠近美國人說：「你們美國人哪！最教人頭痛了，又衝動又蠻幹。你應該拋出去的母狗並非那一隻呀！為什麼不仔細地想一想後再付諸行動呢？唉！真教人頭痛！」

提議

在火車廂裡，面對面坐著的兩個老太婆開始鬥了起來。她倆爭論著誰應該坐在走道旁的位置，行李箱是否應該放在座位上面；到了最後，

愛你的鄰人

甚至還對於是否打開車窗的問題，破口大罵，連車掌也拿她倆沒辦法。

其中一個老太婆振振有理地說：「如果打開了車窗，勢必會因為得了感冒而死。」

另一個老太婆說：「不打開車窗的話，將窒息而死。」

就在這時，遠處一位紳士說：「我有一個很好的提議！」

車掌很高興的請他說出來。

「首先把車窗打開，如此一來，叫囂不停的「東西」將死一個，再來把車窗關緊，這樣另外一個「東西」也會悶死。到了那時，我們才能夠享受安靜的旅行。」

播種

一個腦筋敏捷的年輕人在路旁停下車子，看著農夫在撒種子。

「你就好好地撒種吧！老太爺。」

都市男子呼叫農夫說：「你撒種，農作物長大以後，歸我享受。」

農夫瞪了年輕人一眼，皮笑肉不笑地說：「當然是那樣！因為我正在撒的是木麻的種子，它將來會變成絞首台上的繩索呢！」

情非得已

地點在落磯山脈的山麓，畜牧者騎馬通過開拓地。這時，他看到一群公牛在追擊牛仔。在千鈞一髮的瞬間，牛仔跑進一個洞穴裡避難，牛群就在洞穴前徘徊。

想不到牛仔一下子又衝出了洞穴，就這樣——如發狂般地在洞口一進一出，以躲避公牛的攻擊。

畜牧者看得火大，終於大嚷了起來。

「喂！你為何不安靜地躲在洞穴裡面呢！」

想不到從洞穴衝出來的牛仔也大吼了一聲。

「那怎麼成？洞穴裡面有熊呀！」

後之後怕

非洲湖沼地帶的一個湖邊，有一個少年優閒地在釣魚。不久以後，有一輛車子開了過來，從車上下來了幾個男人。

「小傢伙，這個湖沼有蛇嗎？」男人們問少年。

「沒有啦，根本就沒有蛇。」少年很懶散的回答。

於是，這幾個男人脫掉衣服，跳入湖裡，有如孩子般在湖裡痛痛快快玩了三十分鐘。男人們上來，穿上了衣服後，其中一個男人問少年。

「這個湖為什麼沒有蛇呢？」

「因為那邊的湖岸來了許多鱷魚，把全部的蛇都吃光了嘛！」

真正的朋友

一對年輕夫婦為了更進一步了解這個世界，出門旅行。當他倆走過佛羅里達的沼澤地帶時，看到了一塊「蛇農場」的招牌，他倆在參觀了以後，跟照顧蛇的老人閒談了起來。

「您的工作太危險了！有時免不了會被蛇咬到，對不對？」年輕的妻子問老人。

「那是免不了的啦！」老人說著，露出骯髒的牙齒笑了笑。

「如果真被蛇咬到的話，你會如何處置呢？」丈夫這樣問。

老人從口袋裡摸出了一把鋒利的刀子。「我隨身攜帶這個，一旦被咬以後，立刻在傷口劃十字，再把毒吸出來。」

愛你的鄰人

「假如您不小心屁股剛好跌坐在蛇上面，那不是很慘嗎？」

「逢到這時，我就可以知道誰是我真正的朋友了。」

不止如此

旅行中的售貨員進入一個農夫的家。那一天，農夫碰巧到城裡趕集不在，只有他充滿了魅力的妻子在看家。

正因為如此，不到一個小時之內，售貨員跟農夫的妻子已經赤裸裸地躺在大床上面。他倆翻雲又覆雨，大效于飛之樂。

當他倆倦極而眠時，高大的農夫回來了。他在懊惱與激怒之下，一拳就把正趴在老婆身上的售貨員打昏了。

當售貨員醒過來時，發現自己正躺在倉庫裡面。他感到下身一陣痛楚，低頭一瞧，自己的那「寶貝」正被一把老虎鉗夾著。而在他身旁的一個彪形大漢正在磨刀子。

「你要用那把刀子閹割我嗎？」售貨員哭泣著說。

「哪兒話，我才不去摸你那醃臢的東西。」彪形大漢說：「你就自己閹割吧！我要到倉庫外面放一把火。」

忠告

那是一家很豪華的飯店。一位女客人進入房間開燈時，赫然看到一隻龐大的老鼠奔過她的腳邊，鑽入床舖底下。「啊！」她發出了驚天動地的尖叫聲，抓起了電話就大嚷：「你們怎麼搞的嘛！房間有一隻好大的老鼠！」

「那妳就趕快把牠揪出來吧！否則的話，晚上妳休想睡得好……」櫃台的服務員十分有禮貌地回答說。

是悲劇呢？還是喜劇？

一對夫婦稍遲才到達舞會的場地。進入場地時，由於地面太滑，老公滑了一跤，以致撕破了褲子。

「快！進去更衣室吧！」他的老婆說：「那兒沒有人，你暫時躲著，我給你縫補一下。」於是，老公脫下褲子，老婆展開了作業。不過，只經過兩、三分鐘後，就有人在敲打更衣室的門，有一個女人嚷著說：「開門呀！我感到非常不舒服，想進去休息一下。」

在這種情形之下，老婆只好打開另外一個門，把自己的老公推了進去，再把門緊閉了起來。

誰知才一轉身，她的老公就驚慌地大叫：「快開門呀！」

「可是，此地有好多女人呀！」老婆也叫了起來。

「管他媽的！妳這婆娘！」老公大發雷霆：「這裡是舞池呀！很多人正盯著我的『東西』品頭論足呢！」

還是會有遺憾

一位老小姐撫摸著她疼愛的雄貓，想著自己在這一生之中不曾享受過的「東西」。此時，突然有一個妖精現形，答應實現老小姐的三個願望。不過，妖精一再地提醒老小姐別太興奮，應該慎重地多考慮一下。

老小姐的第一個願望是擁有漂亮的肉體。妖精把魔杖一揮，老小姐就變成像電影明星般的漂亮。第二個願望是配合漂亮肉體的美麗衣裳，魔杖一閃，適合她的漂亮衣裳塞滿了衣櫥。

當妖精再問老小姐第三個願望是什麼時，她紅著面孔說：很希望能有個漂亮的男人來陪伴。

妖精說：「妳有一隻很漂亮的雄貓，我就把牠變成男人吧！」

老小姐很高興的答應，雄貓在一瞬之間就變成英挺的男人。

妖精看到老小姐很滿意之後，再問那個男子。

「你變成男人以後，內心感到滿足嗎？」

「嗯……」男子回答：「不過，她不會滿足的。」

「為什麼呢？」妖精感到奇怪。

「因為，她忘了她曾經把我帶到獸醫那兒給閹了……」

臘腸製造機

某大學生老喜歡嘲笑父親所使用的臘腸製造機，而無一技之長、從歐洲移民到美國的父親，一直就是使用這種古老的機械賺錢供兒子上學的，可惜兒子並不太長進。

「爸爸，這種機械太陳舊了！」不學無術的兒子侃侃而談：「最好有一種機械，把豬投進去以後，立刻就會變成臘腸……或者把臘腸投進去以後，立刻就會變成豬……這樣不是很妙嗎？」

年老的父親搖搖頭，無力地回答：「兒子呀！你爸爸沒有那種機器，可是你老媽就有！只要把臘腸放進去，就會生出『豬』來……」

占卜師

一個腦筋頗為靈光的猶太男人，為了使占卜師感到困窘，想出了一計。「我希望你別再說一些恭維的話。你倒說說看，我有沒有孩子？」

「好吧！你有三個小蘿蔔頭……」

「別亂蓋啦！」腦筋很不錯的猶太人說：「我有四個孩子。」

占卜師以揶揄地口氣說：「那只是你自己一廂情願的想法罷了！」

自找台階

年輕的女教師搭乘公車，發現對面坐著一個熟悉的人，於是便跟對方打了一個招呼，想不到該年輕男子一點反應也沒有，使她感到甚為狼狽。她只好說：「真對不起您哪！我以為您是某學生的家長，因為您長得太像他兒子了。」

我的錯

在發生車禍以後，女性新手駕駛向對方說：「我好擔心哦！我有一點理虧……」

「哪兒話……」另一部車的男駕駛員說：「那是我的過失。只要我早一點發覺對面來車的駕駛是女人的話，我就能輕而易舉的駛離道路，把車子開入菜園子裡面，如此就可以避開這一場車禍了！」

清淨之身

這件事情發生於天主教徒很多的都柏林。一個修女跟兩個男子擦身而過，男人們必恭必敬地摘下帽子，對修女行禮。就在那一瞬間，修女為了回禮，被一個石頭絆倒，跌了一跤。

兩個猶太男子見狀急忙奔過去，企圖救助那一名修女。其中的一個男人若有所悟地抓住了正想抱起修女的男子之手。

「麥克，等一下。她是清淨聖潔的修女，咱們不能用污穢的手觸摸她清淨的身體。你快去取一把鏟子來！」

愛你的鄰人

謀殺

這裡是紐約曼哈頓區的高級公寓。一個女人專心地在練習鋼琴，不過她的技術實在很爛，想不到隔了不久，就有人在敲打她家的大門。女人打開門時，發現一個年輕的警察正上氣不接下氣地站在那兒。

「到底發生了什麼事情？」女人問警察。

「剛才有人打電話到派出所。」年輕警察叫了起來：「說是妳家有一個叫蕭邦的男子被謀殺了……」

獵殺名單

一個婦女遭到瘋狗的襲擊，傷勢相當嚴重，每一個醫生都認為她已無藥可治了，她得了狂犬病了。

有一個醫生來檢討了診斷的結果後，對她說出了真話，那就是病情已經很嚴重，幾乎沒有治好的希望了。這個婦女很坦然的接受這個事實，要求護士給她紙筆，然後就開始振筆疾書。

大約寫了一個小時，她仍然沒有停止的意思，護士在好奇之下問她：「您在寫些什麼呢？是不是遺書？或者是寫信給家裡的人？」

「兩者都不是。」病患回答：「我在列下一些我將要咬的對象。」

診斷

一個老太爺病倒了，村裡的醫生盡了力，然而病情只是越來越糟，更糟的是連病名也不知道。老太爺叫人不必管他，但家裡的人還是從城裡請來幾位醫生診察。醫生們回去以後，老太爺的親人以及友人問他醫生做了什麼的診斷。

「他們什麼診斷也沒有下，正如我所預料的。」老太爺很驕傲地說：「那些『王祿仔仙』用一些我不懂的話，嘰哩咕嚕了一陣，最後才下結論說：『反正啊，查不出來就算了！咱們不要再費精神了，將來解剖以後就會明白的。』」（編按·王祿仔仙係台語，意指蒙古大夫。）

死亡之謎

墨西哥一家小工廠的廠長赫安，在作業中觸電死亡。副廠長貝多洛打電話給警察局長，以及驗屍官。

大家集中在工廠，以恐懼的眼光瞧著躺在地上的廠長屍體，然後集體檢討經驗豐富如廠長的人，為何會犯下這種過失。

「我們能夠想到的意外只有一種。」貝多洛副廠長為大家解說著：「可憐的赫安一定是用一隻手抓這個電極⋯⋯」他抓住了那個電極又說：「然後，他並沒有想到此處有電流，所以又用另外一隻手接觸這個地方⋯⋯」

「碰」一聲，貝多洛副廠長也跟著就倒在廠長的身旁了。不過也正因為如此，廠長的「死亡之謎」終於被揭曉了。

並非誤認

逢到了獵鹿的季節，一個前來獵鹿的男子頭部被射了一槍而死亡。在事先，他為了防止別人把他當作鹿射擊，特別穿上了黑白條紋的衣服，但是才抵達狩獵場不久，他就被射殺了。

驗屍以後，驗屍官說：「說是因為沒有察覺到，似乎很難成立，因為被害者穿著黑白條紋的衣服，就算在一里以外，也能夠看得一清二楚。況且，加害者距離被害者不到百碼的距離。在這種情況下，不可能

誤以為鹿！」

「我並沒有把他看成鹿……」這個加害者如此回答：「我還以為他是一隻斑馬呢！」

決鬥

兩個猶太人為了芝麻小事竟然要舉行決鬥。到了約定決鬥的那一天，其中一個人按時抵達現場。但是他等了很久，另外一個男子並沒有來。約三十分鐘後，決鬥的對象派來了一個人，遞給他一張紙，上面如此寫著──

「我的工作很忙，抽不開身，只好說聲對不起。你不必等我了！你就一個人自己解決吧！」

上帝保佑

噴射客機在大西洋上空飛行，機內響起了廣播──

「今天，真謝謝各位旅客搭乘本飛機。在此，駕駛員要報告一件事，那就是本飛機的左翼正在燃燒。請保持冷靜！旅客們不妨看看下面，海上不是有三個小點嗎？那是三個皮筏，有本飛機的駕駛、副駕駛以及空中小姐坐著。我必須提醒各位，這段話是本飛機駕駛在跳出機艙時錄下來的……上帝保佑大家……」

禱告

大客輪開始下沈，船長叫了起來：「誰會禱告呢？」

「我會！」一個猶太人回答。

「好吧！那麼你就為大家禱告吧！」船長說：「其餘的人快穿上救生衣吧！趕快！沒有時間啦！」

刀子

一輛計程車快速衝入紐約醫院的急診處入口，車裡有一個男子背部插著一把刀。警察把該男子送進醫院裡，再回到入口處時，又有一輛計程車衝了進來，一個猶太男子慌慌張張地從車裡跳出來。

「到底又發生什麼事？」警察問道。

那個猶太男子以又焦急又惱怒的口氣，對警察說：「我只是來取回那把刀的！」

花生米

三個男子被帶到審判官面前，因為他們在公園裡擾亂公共秩序。

「你到底幹了什麼事情？」審判官問第一個男子。

「我只是把花生米扔進水池裡而已！」

「這並不是什麼有害的行為嘛……」審判官轉身又問下一個：「那麼，你又做了什麼？」

第二個男子回答：「唔……我也是把花生米扔進水池裡……」

審判官問第三個男子：「那麼你呢？難道你也只是把花生米扔進池子對不對？」

「是啊！」第三個男子回答：「誰叫是那個人的綽號叫做花生米……我們只是覺得好玩罷了……」

愛你的鄰人

按摩

一個男子進了理髮廳，坐在椅子上後就問：「咦？另外一位師傅哪兒去啦！」

「噢……你是說阿柳嗎？」理髮師以悲哀的表情說：「阿柳實在很可憐。近來生意很差，使他非常悲觀。有一天，他問一個客人說：『您要按摩嗎？』客人以厭煩的口氣回答：『我不要！』聽了這句話，阿柳突然『抓狂』，用剃刀割了客人的喉嚨。如今，他被關入了瘋人院……對了！客人，您要按摩嗎？」

「那當然……那當然……」

紀念品

一個來到愛爾蘭的旅行者突然想喝牛奶，於是進入了一座小小的農場，向主人說明來意。

他在喝牛奶時，發現桌上有一個很漂亮的玻璃瓶，裡面放著枯萎的玫瑰花，以及一塊磚頭。

「你為何要用到處都有的磚頭，以及枯萎的玫瑰花作裝飾品呢？」旅行者好奇地問農場的主人。

「因為他們是紀念品呀！」主人回答：「你瞧！我的頭被打成一個凹洞，就是被這塊磚頭打的！」

「嗯……那麼枯萎的玫瑰花呢？」

「那些玫瑰花嘛……就是長在用磚頭打我的那個傢伙的墳頭上……」

迷信

老師問有關兄弟的事情，湯米站起來回答：「我總共有『十三』個兄弟，可是其中的一個人死了，我們家實在迷信得可怕。」

沒有聲音了

在學校的作文課，老師出的題目是「這一週來發生的大事」。上完了作文課的第二節，老師叫艾文朗讀他的作文。

「上一週，我老爸掉進井裡⋯⋯」

「那太危險了！那現在你爸爸呢？」

「我想他不會有事的，因為從昨天起，就聽不到他喊『救命』的聲音了。」

上等貨

一對年輕夫婦到購物中心買東西。他倆把小女兒坐的嬰兒車放在店門口，跟其他的嬰兒車排在一起。買完了東西，老公推了一部嬰兒車就走，待老公走了幾公尺以後，妻子才驚惶失措地叫了起來：

「喂！老公，你推的並不是我們的孩子！」

「噓！」老公罵妻子：「三八婆子！別那麼大聲！這部嬰兒車可是進口貨呢！」

捕手的本能

著名的紐約洋基棒球隊的捕手約琪・貝勒，有一夜在街頭走路時，

無意中看到一個嬰兒從對面的屋頂滾下來，他驚駭之餘，立刻奔過去，在千鈞一髮之際，接住了嬰兒。但是「習性」這種東西很可怕，把嬰兒接住本來是不幸中的大幸，但他立刻又伸直手臂，把嬰兒朝向「一壘」方向投了過去……

愛惜東西

　　初為人母的一名婦女正在替嬰兒洗澡。鄰居一個四歲女孩出神地看著澡盆裡面的嬰兒。她也抱著一個嬰兒，只是這個嬰兒是一個布娃娃。不過，這個布娃娃的手腳都被扭曲了，實在慘不忍睹。

　　「伯母，妳擁有這個嬰兒多久啦？」女孩子問。

　　「已經六個月了呢！」年輕的母親回答。

　　「哇！」女孩子驚叫了起來：「妳真會愛惜東西！我的嬰兒是上個月爸爸才買給我的呢！」

懲罰

　　有一個婦女來到水族館。

　　「你們有沒有活的小鯊魚出售？」她問店員。

　　「什麼？活的小鯊魚？」店員好奇地問：「妳買鯊魚幹嘛？」

　　「因為我家的貓老是偷吃金魚。」那婦女回答：「所以嘛！我想買條鯊魚來懲罰牠。」

只要牠說一句話

　　功成名就的傑米在母親的生日時，很想送一份別緻的禮物給母親，

於是單獨到市街找尋。他在無意之間看到了一家寵物店，老闆又很熱心，為傑米出了主意，結果傑米買了一隻會說七國語言的鸚鵡，託運送給了母親。

送鸚鵡給母親一星期後，傑米打了一通長途電話，因為他很想聽聽母親高興的聲音。

「傑米啊！媽媽非常喜歡你的禮物。媽媽昨晚將牠熬起湯來，好吃得不得了！真是謝謝你了。」

傑米驚駭至極地叫了起來——

「什麼！媽媽，您把鸚鵡吃了？牠會講七國的語言呢！」

「噢！是那樣的嗎？如果我在掐牠脖子時，牠能說出一句話來，我也就不會吃牠了啊……」

立場

老母親拿著鬧鐘進入兒子的房間。

「麥克，快點起床！你會來不及上學的！」

「我不要那麼早就起來嘛！」

麥克翻了一個身，硬是不起來。

「你每天都說同樣的話。你就看開一點吧！別貪睡啦！」

「昨天有人奚落我，今天好像也不會好過。我為什麼非去那個地方不可呢？」

「那也是無可奈何的事情呀！誰叫你是校長呢？你不去的話，整個學校怎麼辦呢？」

實地教育

一位很熱心於教育，又喜歡惡作劇的猶太拉比父親，教他兒子比爾有關形容詞的含意。「好吧！我就以實地教育的方式，教你生氣、憤怒，以及抓狂三個字詞的含意。」

父親叫兒子把電話簿拿來，找到了一個陌生男人家的電話號碼，撥了電話。

待那位陌生男子接起電話時——

「拉比在家嗎？」父親就如此說。

「這裡沒有叫拉比的男子，你為什麼不查清楚號碼才打電話呢？三更半夜亂打電話未免太沒有常識了吧！」該男子罵了幾聲。

父親放下電話對兒子說明這就是「生氣」的含意。

兩、三分鐘後，父親又撥了相同的電話號碼。

「拉比在家嗎？」

這一次對方的聲音已經近乎吼叫：「你在搞什麼東西呀！難道你是瘋子嘛！我不是叫你查清楚電話號碼再打嗎？」說罷，對方「卡鏘」一聲掛斷了電話。

「你看，這就是憤怒。」父親說：「接下來，我要讓你看看抓狂的實例。」

十五分鐘後，父親又撥了相同的電話號碼。

待陌生的男子接電話時，父親以快活的聲調說——

「我是拉比，在這二十分鐘前，有沒有人留話找我呢？」

教育的效果

一個猶太父親把自己的孩子送進高級學校以後，鄰人問他。

「您把孩子送入學校接受教育以後，得到什麼好處了嗎？」

「有啊！」猶太父親回答。

「拜孩子上學之賜，我老婆再也不敢誇耀我們的孩子了。」

音色

對自己兒子滿懷希望的猶太母親，向一位鄰居男子誇耀她的兒子，說他能拉一手好提琴：「我兒子西格蒙所使用的提琴，琴弦是使用牛筋製成的呢！」

鄰居男子回答：「難怪……妳兒子的提琴會發出那種聲音。我想那隻牛一定是死不瞑目！」

新兵日記

喬尼很樂於為國家效勞，因此很高興的入伍。第一天班長說：「大家請儘快準備好，整齊地穿好衣服列隊走到餐廳。明天的菜單是一人兩磅牛排，好好地咀嚼，二十分鐘後就要開始訓練了。」

翌日早晨，喬尼在很高興的氣氛中醒過來。他想起了豐盛的早餐，以及軍隊多彩多姿的生活。

突然間，班長嚷叫了起來：「小鬼們，快點給我穿上褲子！如果遲到一分鐘的話，誰的腦袋就會開花！趕快！快點去打掃廁所！」

喬尼嚇得目瞪口呆，他有點恐懼地問班長：「班長……我們的早餐呢？昨天你那麼和氣，今天怎麼就……」

「你這個小白癡！什麼早餐不早餐的！還沒有做事，怎麼會有飯吃呢？昨天算你們狗運好，因為報社來取材，所以我才對你們客氣一些。你難道不會動動腦筋嗎？真是白癡！」

猶太語

一個猶太家庭到猶太人開的餐館吃飯。教他們感到驚訝的是,這家餐館竟然僱用了很多中國人,而且這些中國人竟然操著流利的猶太話。

待吃過了飯,客人問起了猶太經理。

「你們的菜很可口,想不到中國幫手還會說流利的猶太話。」

「噓!客官你千萬別告訴他們,因為他們還一直以為自己是在講英語呢!」

救命恩人

波士頓的新聞記者聽說往昔捕鯨基地麻州南塔凱多島,有一個甫過百歲生日的老捕鯨手時,立刻前往採訪。

這位記者認為既然是老捕鯨手,一定有很多充滿了冒險性的故事,當然能夠滿足讀者的好奇心。

記者想盡辦法要打開老水手的話匣子,但是他始終守口如瓶。記者在一籌莫展之下,只好說他的曾祖父也是南塔凱多的捕鯨船員。

「我曾祖父的名字叫納薩尼爾,據說他搭乘的船是在北太平洋沈沒,後來坐著救生艇漂流好幾天才死了的。那一艘救生艇漂流了好幾十天,到頭來只有兩個人獲救。請問您認識我的曾祖父嗎?」

「你問我認不認識納薩尼爾?」百歲的老水手突然興致勃勃地說起來:「他還是我的救命恩人哪!」

記者認為機會來了,坐得更靠近老水手,問道:「這到底是怎麼一回事呢?」

「他救了我們一群人的命。我所以能夠生存,就是因為他被抽到必須讓大夥煮來吃的緣故呀!」

奇妙的事件

克雷夫婦沒有孩子，所以非常疼愛一隻貓。但是，貓兒衰老得比人類快速，有一天貓兒終於死去了。

克雷夫婦居住於公寓，並沒有空地可以埋葬貓兒的屍體。在這種情形之下，克雷只好用包裝紙把貓屍包好，再裝入購物袋裡，打算在上班途中將牠丟棄。不過，在上班途中，路上的行人很多，每當克雷想把貓屍丟棄時，人們好像都在注視著他，所以一直找不到機會。

下班時亦復如此，克雷只好又把購物袋帶回家裡。克雷的妻子瞧見丈夫又把購物袋拿回來，非常生氣。

「現在，馬上把它扔掉！馬上就扔掉！」老婆大叫。

克雷根本就沒有膽量違抗自己的老婆。不過，當他把購物袋提起來時，袋子的底部破裂，看到滾出來的東西時，克雷夫婦嚇了一大跳！

原來，那是一條火腿。

外星人來了

二次大戰中，一架盟軍的夜間飛行飛機，不幸被德國人的防空炮火打了下來，飛行員跳傘逃生，但他的降落傘上掛了各種顏色的燈，當他降落到地面的時候，有一個老婦人經過……

他問：「這裡是哪兒？」

老婦人戰戰兢兢地說：「這裡是地球啊！」

順理成章

少年工讀生撒了謊，經理知道以後訓了他一頓。

愛你的鄰人

「喬治，你應該感到難為情才對。你現在撒謊的話，將來又會變成如何呢？你自己好好地想想吧！」

喬治毫不思索地回答：「我當然知道將來會變成如何，課長一定會派我去擔任推銷員的。」

理想的保戶

保險公司的經理針對理想的加保者，對保險員舉行訓示——

奧克拉荷馬的農夫馬龍先生，在公司的經理還是保險員的當年，就加入了人壽保險。

做事一向循規蹈矩的馬龍，每年都按時繳付保險費，想不到在某一年，他突然停止繳付保險費。對於此，公司只好發出催繳信函。

不久以後，馬龍的妻子寄了一封信到保險公司。信上寫說：

「對於遲遲才回信，感到甚為抱歉。原因是我老公馬龍於去年十二月從馬背墜下去世，以致家裡突然間斷絕了收入，當然也就無法繳付保險費了。請原諒！」

企業構想

香菸公司為了提高營業額，徵求促銷的構想。其中的一個構想如下——買一條香菸附贈一張彩券，集滿五十張，就可免費接受癌症的檢查乙次。

安全商會

工商會議處的午宴裡，某家大出版社的董事長對女性生理用品廠商

劉老闆說：「你的生意實在教人羨慕，雖然一直製造相同的東西，但是一向沒有退貨。」

「你別打哈哈了。婦女用品的生意不好做呀！教人感到疲於應付。像什麼主婦消費者協會的組織，實在教人煩不勝煩。她們時常嚷著商品必須改良，讓人連喘口氣的時間都沒有。相比之下，安全商會可順暢多了，不但沒有退貨，甚至不曾要求改良，十年來穩賺不賠！」

「噢……那的確太好了。對了！所謂的安全商會，到底是在製造一些什麼呢？」出版社的董事長好奇地問。

「他們就是製造救生器具的廠商呀！」

教人高興的通報

華爾街某證券公司的股票投資者，當他在人行道上徜徉時，幾年不見的同鄉找上了他。

擁抱之後，鄉下來的男子以憂傷的口吻說：「我實在不忍心告訴你這件事，你的姑姑今天早上被關進牢裡了。」

想不到股票投資者竟然回答：「謝謝你的好消息！知道姑姑不再為三餐發愁時，我就放心了。」

吉報

這是繼經濟大恐慌以來又一次的不景氣，亨達森與麥卡蘭合夥的成衣公司正面臨著倒閉的危機。庫存品堆積如山，但是不管如何地促銷，仍然無法把貨品賣出去。有一天，有個大宗交易者帶來一個好消息，聲稱阿拉伯的某家百貨公司要來大量採購。

「不過……」大宗交易者聲明：「阿拉伯那方面不知有什麼問題沒

愛你的鄰人

有，我必須帶著樣品，明天到阿拉伯跑一趟。如果設計方面有問題的話，我會在這星期五的五點以前跟你們聯絡。如果到時沒有任何聯絡的話，到了下星期一，全部金額就會匯入貴公司的銀行戶頭。」

那一天是星期一，到了星期二，亨達森與麥卡蘭感到度日如年。星期三他倆感到時間更長。到了星期四，他倆都在電話前更是坐立不安，連飯也吃不了。

星期五終於到來了！他倆屏住呼吸，整天守著黑色的電話。到了下午三點……四點……五十五分……就在這時，黑色的電話響了起來，他倆不約而同地跳了起來，再以絕望的神情互看了一下。亨達森抓起了電話筒——

亨達森聽完電話，立刻把電話「卡鏘」地放下去，聽到時鐘敲打五下時，便滿面笑容地喊叫了起來——

「喂！高興一點吧！我們得救了！剛才打來的電話是說，你父親去世了，你將繼承他所有的遺產！」

好運的傢伙

「那個渾球波蘭人多夫森斯基真是好運。」一向倒楣的摩斯說。

「可是，我聽說那傢伙已經死翹翹了！」快要破產的考恩回答。

「沒錯，那傢伙已經死了。據說，他在街頭魚販那兒吃生的牡蠣，把珍珠也吞下去了。他接受了取出珍珠的手術。聽人家說，那醫生還是大名頂頂的大夫呢！取出的珍珠完全沒有瑕疵，托了這顆珍珠之福，不但不必付手術費，甚至連葬儀費也夠了，這不就是好運嗎？」

帽子

　　這是發生於紐約市麥迪遜大街一家廣告代理店的事情。副董事長戴著新帽子上班，他進入會議室以後，喜歡惡作劇的休斯看了一下帽子，查到了副董事長所光顧的鞋帽店以後，到那一家店舖購買一頂跟副董事長一模一樣，但是大三號的帽子，再請老闆寫了一個跟副董事長帽子上同樣的英文字母。回到了公司以後，休斯用那頂帽子調換副董事長的帽子，再把副董事長的帽子鎖在櫃子裡面。

　　下班時間到了，副董事長戴上帽子。因為帽子太大，連耳朵也蓋住了。他一臉困惑，把帽子取下來，仔細地瞧瞧，確定是寫著自己名字的頭一個英字母，當然是自己的帽子沒錯。

　　第二天，副董事長又戴著那頂帽子上班，但是並沒有顯得太大。

　　待副董事長去開會時，休斯看了一下帽子，發現原來是帽子內側塞著衛生紙。休斯把衛生紙取下來，塞進副董事長本來的帽子裡，跟大三號的帽子調換，再把它掛在帽架上面。

　　到了黃昏，副董事長又戴上帽子。這一次，帽子只蓋到他的頭頂。他感到納悶，趕緊查看帽子、衛生紙，還有他名字的第一個字母……他的臉色頓時蒼白。他踉蹌著腳步，走到電話旁，跟精神科醫生約定好了看病的時間。

精打細算

　　一位猶太人因善於蓄財而著名。有一天，一個充滿了野心的年輕小夥子來看他。老猶太人很快就看穿了對方的心理，因此便說：「我有三個女兒，我都很疼愛，可惜一直還沒出嫁。我希望女兒都能過著幸福的婚姻生活，所以我將給她們一筆豐厚的陪嫁錢。二十歲的瑪莉一千美

元，二十五歲的安妮三千美元，三十歲的愛倫六千美元。」

野心的年輕人歪斜著腦袋想想，然後說：

「那……等您的妻子變成未亡人時，我再才來跟她結婚吧！」

親近

羅納德高興地對妻子蘇姍說：「我有個天大的好消息要告訴妳！」

「什麼消息呀？」蘇姍的兩眼充滿了期待。

「我的伯父跌下山崖死了！他留下好幾十萬美元的財產。」

「你跟伯父那麼親近嗎？」

「當然，我倆親近得很。因為，是我把他推下山崖的。」

致謝

一個陌生男子進入醫院對大夫說：「您的醫術妙極了！我是特地來向您致謝的！」

「可是，你並不是我負責治療的病患呀！」

「您說得很對！」陌生男子說：「事實上病患是我的叔叔。因為您的『妙手』，我才得以提前繼承了他的遺產……」

沒有動靜

「你怎麼啦？垂頭喪氣的。」友人問。

巴弟回答說：「唉！你也知道，兩週前我的傑克伯父死了，留給我四萬美元。上星期大表哥又死了，他也留下一萬五千美元給我。可是這一週已經到星期五了，另一些親友們還是沒有一點動靜呀！」

遺書

一個青年擁有一位極為富有的姑媽。青年對年老的姑媽照顧備至、百依百順，尤其是對姑媽寵愛的幾隻狗，更是裝作非常疼愛的樣子。

老姑媽去世以後，她的律師公開了遺書。結果呢？她把錢捐給慈善機構，而把那些狗都送給了這個外甥。

悲傷的原因

市內最富有的老頭死了，一大堆人參加了他的葬禮。其中，竟然有一個貧窮的人，追隨在靈車後面，悲悲切切地哭著，引起了眾人的注意。「你跟死者很親密嗎？」一個送葬者問窮人。

「不……我跟他一點關係也扯不上。」哭泣的窮人回答。

「既然如此，你為何哭得如此悲痛呢？」

窮人搶天呼地的回答了一句：「正因為跟死者扯不上任何關係，我才感到悲痛呀……」

滾到地獄去吧！

紐約市一個專門剝削員工的貪婪猶太成衣商死了，他的靈魂想上天堂。「在人世時，你的職業是……」天使問。

「我是一個成衣商！」

「嗯……你為什麼認為自己有資格進入天堂呢？」

「經過時報廣場時，我曾經給一個瞎子五毛錢。」

「只有這一件善舉嗎？」

「不！還有。上個星期我在利伐街道散步時，看到一個擦鞋童差一

愛你的鄰人

點就凍死了，我也就給他五毛錢。」

「不知道兩件善舉有沒有被記錄下來？」天使問一旁的書記官。

書記官查了帳簿，的確找到了。

「除了這兩件事以外，你還有什麼善舉呢？」天使繼續問。

「只……只有這些了。我的一生只做了這兩件善舉。」

「那麼，我們應該如何處置他呢？」天使問書記官。

「我們還給他一塊錢，再把他打入十八層地獄！」

諾言

待人冷酷的猶太大實業家死了，他的靈魂抵達陰曹地府。才剛到，背部就被搥了一下，他嚇得掉過頭看看。

「不用驚慌，姓史的！」搥他的男子悽慘地一笑說：「今天你好不容易實現了諾言。」

「諾言？什麼諾言？」姓史的實業家反問。

「你就瞧瞧我的鬼臉吧！你難道都忘記啦？每次我到你的辦公室時，你就會冷酷地把我趕了出來，說是到了地獄才要見我。今天，你總算實現了諾言。」

慈善

為了一筆建造兄長墳墓的費用，一個男子堅稱那是慈善行為，而要求減輕稅金。稅務處的人員叫來這個猶太男子，同時要求他說明理由。

該男子如此說明──「雖然死者是我的兄長，但是在他活著的期間內，不曾為我做過任何事情。我之所以為他造墓，完全是基於一種慈善的行為。」

扶養家族

有一個猶太人去找國稅局的人，表示想將哈巴叔父歸屬於自己所扶養的家族，以求減輕稅務。稅務局人員展開調查得知，他叔父已經亡故了一年多了。

「嗯……的確如此。」納稅人回答：「可是，他的墳墓都是我在負責清掃的啊！」

減稅

有一個猶太人寫信到國稅局，要求國稅局減少他老婆以及狗的稅金。國稅局的回答是狗不能免稅。

雖然如此，該男子仍然不氣餒，繼續地寫信。他說，那樣的決定太不公平，因為他養的狗一個月所花的費用，比他老婆多出了五十美元。

有錢人的理論

有一個穿得很體面的男子，前往拉比家對他說：「鄰居有一位可憐的未亡人。她不但疾病纏身，還得餵飽四個正在發育中的孩子。她甚至沒有錢看醫生治病，房租也欠了三個月，總共達一百美元，看樣子她還會虧欠下去。我只能儘量使房租不再上漲罷了！後來我想到您必定能夠伸出援手，因此才冒昧前來拜訪……」

「我想我能幫得上忙。」拉比說：「只要您肯為這件事撥出一些時間。對了！您是？」

「我是她的房東。」那個男子回答。

寡婦的祕密

這件事情發生於美國南部的小鎮。一個寡婦決定做生意，自力更生。她居住於商業區，隨時都有小混混在街道上玩耍。隔了一段日子，那些小渾球發覺常有男人去敲寡婦家的門，而且他們又時常聽到寡婦在屋裡如此說：「你需要什麼東西？」

「難道妳不知道我需要什麼嗎？」敲門的男子總會如此說。

「你身上帶著錢嗎？」寡婦再問。

「那當然。」男人回答：「我有兩塊美金。」

到此，寡婦就會請他到客廳坐，給男人喝一杯她祕密釀造的威士忌酒。喝過酒出門的男子，若無其事地哼著歌兒，或者吹著口哨在街頭上漫步。

有一天喜歡搗蛋的兩個小混混，為了想瞧瞧寡婦到底在屋裡搞什麼名堂，便鼓起勇氣，大敲寡婦的門。

「有什麼事情嗎？」寡婦問。

「妳何必明知故問呢？妳知道咱們需要什麼……」

「身上帶著錢沒有？」

「有啊！」小混混說：「咱們有一毛錢。」

寡婦叫兩個小混混進入客廳。奪走了他倆的一毛錢後，再抓著兩個小渾球，讓他倆的腦門「卡卡」地碰出了金星，再把他倆踢出大門。小混混拍了一下身上的塵埃，很不服氣的嚷叫：「又不是什麼黃花閨女，幹『那種事』也要兩美元呀！門兒都沒有！」

整人專家

　　一位富裕的半百未亡人去拜訪老畫家，請他描繪一張肖像畫。未亡人到畫家的工作室三個月以後，與畫家變成了好朋友。

　　有一天，肖像畫終於完成，未亡人付給老畫家雙倍的工錢，並且對他說：「你畫得很好，非常傳神，只是我還想拜託你一件事，不知你能不能做到。」

　　「這位太太，妳有什麼事情就儘管說出來吧！」老畫家說。

　　「我想麻煩您在這張肖像畫上添加一些東西。」

　　「您想添加一些什麼東西呢？」老畫家問。

　　「您就添加一條鑽石項鍊、一對紅寶石耳環，以及兩只翠玉鑲鑽台的大戒指。」

　　「那又是為什麼呢？」老畫家感到納悶。

　　「不瞞您說……」夫人很悲哀地回答：「我一直跟一個年輕小夥子同居。如今，我方才知道這個男子是看上先夫的遺產，跟我虛情假意而已，而且他在外頭也有情婦……這一對男女心圖不軌，一直想伺機殺我。這兩個人的城府都很深，狡猾又狠毒，如果我告發他倆，或者試圖逃走的話，很可能會在瘋人院中度過一生。」

　　「乖乖，這兩個人也未免太狠毒了吧！」老畫家叫了起來：「我能夠幫上什麼忙嗎？」

　　「只要您肯接受我的要求，我就感激不盡了。」夫人說。

　　「妳到底是為了什麼……」

　　「我的所有財產、寶石都早已經分配好了，都立在遺囑裡面，寄存在律師那兒。那一對男女是什麼都不可能得到的。有了這一幅肖像畫，待將來我死了以後，那一對男女結婚，那個女人一定以為我還有那些珠寶，而瘋狂地亂找。我就是要如此地整她……」

愛你的鄰人

把老婆丟進墳墓

安啦！

露易絲動不動就會驚醒過來。當她跟丈夫睡覺時，只要稍有聲響，就會把丈夫搖醒，叫他去察看一下。像這種事情在一夜連續發生三次的話，再有耐心的男子，也會感到火大。

當露易絲第四次搖醒丈夫鮑伯時，對他說：「老公，樓下發出了奇怪的聲響……」

鮑伯把毛毯蓋在自己的頭上說：「露易絲，別大驚小怪好不好？如果是小偷的話，他不會使自己發出任何聲音，如果他是想強姦妳的話，他看了也會倒胃口。安啦！睡覺吧！」

公正

跟分居中的丈夫為了離婚折騰了一陣子，萊安夫人鬆了一口氣。律師對她說：「萊安太太，我已經取得了妳丈夫的同意。這一次的判決對雙方絕對公平又公正。」

「對雙方都公正？」萊安夫人嚷叫了起來：「如果僅僅是為了雙方公正，我幹嘛花錢僱用你？如果不是為了『我』要多一點的公正，我不會自己動手嗎？」

悲慘的男人

這是發生於一個英國人身上的悲慘故事。他的老婆以他不能讓她生孩子為由，要求跟他離婚。在另一方面，他的女佣人卻跟他打官司，要他承認她肚裡的孩子是他的骨肉。人間哪有這種事呢？

而更悲慘的是——在這兩場官司裡，他都敗訴了。

煩惱就是她

「如果你想克服失眠的話,那就別把煩惱帶到床上。」診斷完畢,醫生對病人說。

「大夫,這根本就是無理的要求嘛!」疲憊萬分的病患回答:「我老婆根本不讓我一個人獨睡。」

遺憾

麥克斯結婚二十五週年的那一天,一群朋友湧進他家,盛大的為他慶祝。待晚宴結束時,一個朋友發現麥克失蹤了,便四處尋找,最後終於在臥室裡找到了他,他正坐在椅子上面發愣。

「你怎麼啦?是不是不喜歡我們光臨?」朋友問他。

「你別亂猜!」

「那麼,為何你一副失魂落魄的樣子?」

「好吧……告訴你也無妨。當我跟老婆結婚五年時,我非常憎恨她,真想把她幹掉。於是我偷偷地去找律師,請教他犯下這種罪必須坐幾年牢。他的回答是,縱然在服刑期間表現得很好,一級謀殺仍然要被關上二十年!」

「我不懂你的話。你沒有被關二十年,又有什麼好悲哀的呢?」

「我是在想,如果那時我真的幹掉我老婆的話,那麼今天的我,就已經是自由之身了……」

謀殺計畫

有一個猶太男人問醫生友人,如何才能在不露痕跡之下除掉老婆。

醫生並不給他處方毒藥，卻提議他每夜跟太太「要好」兩次。

「不管是怎樣的女人也會受不了。」醫生如此地斷言：「六個月以後，你的老婆就會死翹翹了。」

六個月期限一到，醫生就到該男子家拜訪。

想不到該男子竟然坐在輪椅上。他的雙頰深陷，皮膚蒼白，手腳不停地發抖。他想開口，但是舌頭卻好像是打了結一般。當醫生準備問他老婆的近況時，剛好有人開門，該男子的老婆走了進來。

她穿著白色的網球裙子，手中拿著球拍，中氣十足地喊叫：「有沒有人想打網球？」說罷，環顧一下四周，得意揚揚地走了出去。她看起來活像一個健美寶貝。

該男子對醫生眨眨眼睛，交搓著他顫抖的兩隻手，以很滿足的口吻說：「那個母夜叉還不知死活呢！她只剩下二十四小時的生命了！」

贏家

居住在鄉下的老夫婦，有意搭乘小飛機遊歷大峽谷。可是在問了價錢後，他們都叫出了聲音：「五十美元嗎？那太貴了！太貴了！」

於是、駕駛員提出了條件：「如果飛行中你倆都不談話，就可以免費讓你倆搭乘。如果講出一句話，就得付五十美元。」

飛行完畢，這對鄉下老夫婦果真一句話也不曾說。著陸後，駕駛員表示他實在不敢相信老夫婦會連一句話也不說。

「本來就是如此。」老人回答：「其實，勝利的人應該是你。當我那老太婆掉下去時，我差一點忍不住就要叫出來了呢！」

已經一次啦！

一個獨居的老人過八十五歲的生日，當地的新聞記者都去採訪他。記者轉告老人，他的朋友以及附近的人都在誇獎他跟去世的老婆非常恩愛，從來就不曾吵過架。末了，還要求老人說出他倆恩愛的祕訣。

「可以呀！年輕人。」老人回答：「我就告訴你何以會如此吧！那是發生在我跟她坐馬車蜜月旅行回來的時候。拉車的那隻馬兒又跌倒一次，我就對牠說：『已經兩次了！』當牠第三次跌倒時，我就拔槍幹掉了那隻馬兒。」

我的老婆看到這種情形氣炸了！她對我興師問罪。我暫時任由她大叫大嚷，待她停下來喘一口氣時，我就對她說：『妳已經第一次了！』至於這以後嘛⋯⋯我不說，諒必你們這些年輕人也猜得出來。她幾十年來始終沒有再跟我吵過一次架⋯⋯」

告白

喬治照顧著瀕死的妻子。他妻子的聲音越來越小，差不多已經到了只能囁嚅的程度了。

「喬治⋯⋯」妻子喘著氣說：「在跟你分別之前，我有一些事情非得告訴你不可⋯⋯我從保險櫃偷出了一萬美元，而這一筆錢是用來跟你朋友查理約會⋯⋯還有，我還把你的情婦趕出城，甚至還去國稅局密告說你逃稅⋯⋯」

「算了，不要想太多。親愛的！」喬治慢慢地回答：「讓妳吃下毒藥的人，就是我呀！」

把老婆去進墳墓

遺言

伊蓮患了不治之症。她想起結婚二十年來，樣樣如意，生活得自由自在時，再也沒有什麼遺憾了。於是，她把老公湯尼叫到床邊。

「湯尼，我不久於人世了。你仍然年輕，再婚的機會很多，這些年來我生活得很幸福，內心了無遺憾，但是我要拜託你一件事……」她無力地抓住老公的手：「你絕對不能把我的衣裳以及寶石等，交給再娶的女人。」

「伊蓮，妳不必擔心那件事。」老公很溫柔地握住妻子的手說：「我並不是那種男人，同時凱蒂對妳的品味也不敢領教，她一向喜歡現金對寶石沒什麼興趣！」

高利貸

米蘭達全身都被癌細胞所侵襲，再也沒有活命的機會了。她一面哭泣，一面對放高利貸的猶太丈夫說：「請你原諒我，我是一個罪孽深重的女人。」

「這個我懂。凡是得了疾病，每一個人都會責備自己。妳不必介意，不妨說出來聽聽！」丈夫握住米蘭達的手。

「我感到很安慰，想不到你如此的體貼。說真的，吉爾並非你的孩子。當你放高利貸坐牢時，我跟向你借錢的男人發生了關係。看著他還不出錢來憂容滿面，我產生了惻隱之心，況且他又長得很帥，於是……之後我還給了他一筆錢！」

「混蛋！吉爾當然是我的兒子，因為妳給的錢是我賺來的！」

悲劇

「我的人生沾不上安穩的邊。」一個斜靠在酒吧櫃檯喝酒的男子，對坐在他身邊的男子說：「我的三個老婆前後亡故。前兩個是死於毒菇，最後的一個是死於腦震盪！」

「腦震盪？」他身邊的男子小聲地問。

「那實在是一件很悲哀的事情。」鰥夫說：「我抓住她的頭拼命搖，是因為她拒絕吃毒菇呀！」

理想工具

有個女人丈夫有了外遇，讓她十分煩惱。有一天，她在古董店看著一個古意盎然的時鐘出神。看到這種情形，猶太老闆走到她的身邊。

「這個大時鐘頗有來歷哦！」猶太老闆說。

「這個時鐘的擁有者是一位與眾不同的大學教授。他亡故時，這口鐘也停了下來。一直到我們買進來把它修好之前，它都沒有再走過。」

「這實在有點稀奇。」女客人很感動地說：「你能說明理由嗎？」

「那還不簡單。」老闆回答：「大時鐘倒下來，教授被壓在下面死了。我們不知道的事情只有一件，那就是大時鐘為何會倒下來！」

聽過了這個故事，女客人嫣然一笑，取出了一張支票。

妻子的幸福

「妳為何老跟我過意不去？」丈夫對妻子說：「為了使妳幸福，我不是拼命在努力嗎？」

「可是，我前夫對我做過的事情，有一件事你還沒有做到啊！」

「那是什麼事情呀？」

「我的前夫很快就死了啊！」

快要解脫了

一個女人在超級市場購物。她從這一個棚架走到那個棚架，唱著歌兒，滿面春風。看到這個情形，店員走過去跟她搭訕：「太太，妳看起來很幸福嘛！」

她回答：「可不是嗎？因為我有一棟很漂亮的房子、兩個乖巧可愛的子女、銀行裡有一些存款，而且我那死鬼有十萬美元的壽險。更教我感到快樂的是……我那死鬼五個月前就發現有癌症，醫生說他撐不過半年的！」

年輕的妻子

年輕女人跟一個大富翁老頭結婚，老頭在新婚旅行期間，那種事做太多，以致惹了涼，得了感冒，後來感冒又轉為肺炎。

老頭被送進醫院，醫生把他戴上氧氣罩。老頭知道自己凶多吉少時，把年輕的妻子叫來，上氣不接下氣地對她說：

「遺書我已經寫好了。股票、債券以及證券之類，都放置在大保險櫃裡面……不過沒有人知道，屋頂一角有一個小保險箱，那個保險箱裡面有二十萬美元的現金。保險箱的鑰匙用膠帶貼在書桌抽屜的頂端，因此妳可以放心……喂……克蕾絲，妳在幹什麼？妳……不要關了我的氧氣管呀……」

誤殺丈夫的女人

「媽媽，爸爸的臉色為什麼那樣蒼白？」
「噓！不要做聲……趕快把洞挖深一些呀……」

好母親

律師問坐在證人席上的女人：「妳為什麼用箭殺死老公呢？」
「因為……」她回答：「我不希望吵醒孩子呀！」

老公最後的話

一個穿著喪服，看起來很悲哀的女人站在法庭前面，她的律師問她是否還記得老公最後所說的話。

「是的，我通通記得。」她流著眼淚說：「以下就是我老公最後所說的話：『妳想用那把槍來恐嚇我？沒有用的！妳呀！就算一隻大象站在妳面前，妳也會射不著呢……』」

她有自知之明

一個有老婆的男子接受了大手術，從麻醉的長眠中醒來之後，他發覺自己躺在柔軟的床上面，他的額頭上有一個溫暖的手掌。

「這兒到底是何處？」他問：「是天堂嗎？」
「不是啦！」他的老婆回答：「老娘還在你身邊呢！」

最後的願望

美國一家醫院決定向猶太病人吐露真情：「您已病入膏肓，看來已無藥可救……您還想見見誰嗎？」

猶太病人微微地點了點頭。

「您想見誰呀？」醫生耐心地詢問。

「我想見另一個醫生啊！笨蛋！」猶太病人生氣地答道。

湮滅證據

「你趕快把我的老婆抬去火葬吧！」一個名叫哈德遜的男子打電話給葬儀社。葬儀社人員趕到哈德遜家時，覺得哈德遜很面熟。

「噢……上個月你不是才火化了你老婆嗎？」

「是啊！現在這是第二號老婆。一旦被第三號察覺到那可就不妙了！所以請你趕緊把她燒掉吧！」

節約能源

死了妻子的丈夫對葬儀社人員說：

「你贊成政府所提倡的節約能源運動嗎？」

「我當然贊成！」

「我好高興。我跟死去的老婆都擁護節約能源運動，因此在死亡以前，就儘量減輕她的體重。你能減少一些火化費用嗎？」

殺價成功的男人回去以後，葬儀社的老闆對徒弟說：

「不要把她火化。等到明天，我們就可以把她跟那殺價的混蛋一起火化，那不是更合乎節約能源的做法嗎？」

感慨萬千

亞當的朋友比爾請亞當參加他老婆的葬禮。不過，亞當不想再去了，因為比爾的前兩個老婆死亡時，他都參加了葬禮。對於這一次他不願去參加，亞當的老婆一定要他說出理由。

「這可是妳逼我說出來的哦！我的理由是這樣的，我已經出席了比爾老婆的葬禮兩次，如果連這一次也參加的話，那就是第三次了！因此我不服氣，為什麼我一次也沒有辦過老婆的葬禮呢？」

論理

麥克前往一家葬儀社禮堂，為死亡的故友守靈。因為過度的悲哀而灌了不少酒，以致醉得不省人事。葬儀社的人員很同情悲傷的麥克，就把他抱進葬儀社一旁的空棺材中睡覺。

翌日早晨醒過來的麥克，環顧了四周後大為驚訝，他疼痛的頭腦想著：「如果我還活著的話，為何會躺在棺材裡面？如果我已經死掉的話，為何想要小便呢？」

交換

一個女人的丈夫死了，她把丈夫的屍體安置於葬儀社。不久以後，該女人又到葬儀社瞧瞧，確定一下葬禮的準備是否在進行。這時，她方才發覺葬儀社的人員，給丈夫穿上茶色的衣服，於是她向葬儀社的老闆抗議：「老闆，我叮嚀過你，一定要給我丈夫穿上藏青色的衣服，你怎麼給他穿上茶色的衣服呢？」

「真對不起，待午後妳再度光臨時，我就會改正過來。」

把老婆丟進墳墓

午後，該女人來到時，葬儀社已經依照她的希望改正過來了。

「這樣一來，再也沒有什麼問題了吧？」葬儀社的老闆說：「第二個停屍間的未亡人，要求用茶色的衣服，所以……」

「噢……原來是那樣。於是你就把衣服調換了，對不對？」

「不必那樣麻煩呀……」葬儀社的老闆回答：「我只是把他們的頭互相交換過來罷了，反正他們也不會有意見！」

這還得了

一個老婦到一家報館刊登訃聞。

「那麼費用如何計算呢？」老婦問報館的人員。

「每一英寸收費五毛錢！」

「天哪！」老婦驚叫了起來：「我那死鬼足足有六英尺高呢！」

募捐

著名的守財奴死了，他的老婆連一滴眼淚也沒流下，很平靜地參加葬禮。待葬禮告一段落，有人發起為附近的孤兒院舉行慈善募捐時……未亡人方才聲淚俱下地哭了起來。

參加葬禮的人問她，何以她一滴淚都不掉，而逢到募捐時才大哭。她回答：「到募捐為止，我還不認為老公真的死了。如果他還活著的話，聽了募捐的聲音，他就會拼命地逃走。誰知這一次他仍然躺在棺材裡面。原來，他真的死了！」

小心呀！

一個大富翁的妻子死了。很多人來參加葬禮，葬禮一直很嚴肅地進行著。當很長的送葬行列前往墳場時，抬棺木的人絆了一腳，使棺木撞到岩石上面。

如此一來，分明已經死亡的夫人在棺木裡發出了呻吟聲。富翁嚇了一跳，叫人打開棺木，救出了自己的老婆，稱為「奇聞」。

隔了多年以後，這次換大富翁本人猝死了，他的老婆為他舉行嚴肅的葬禮，長長的行列又走向墳場。當抬棺木的工人接近岩石時，夫人走過去很小聲地對他們說：

「小心你們的腳步，可別又絆了腳！」

應該去的地方

鎮上最討人厭的傢伙死了。這個傢伙一生的作為是──動輒毆打老婆，時常不給妻兒吃飯，讓他們挨餓；老是伸手向人借錢，跟鄰居們大吵大鬧……反正，沒有一件是好事。

他的棺木被放入墓穴時，突然發生了教人驚駭的閃電，接著雷聲隆隆地大作。「上天有眼！」一個送葬者小聲對身旁的男人說：「他總算到了他應該去的地方。」

合理懷疑

拉比站在棺木旁，稱讚一個猶太惡棍的美德。他列出了「強烈的意志」、「勤勉」、「善行」等字眼，儘量想稱讚這名惡棍。

如此一來，死者的老婆對她身旁的孩子小聲地說：

103

「約翰，你去瞧一瞧棺木裡面，看看是不是你爸爸本人！」

賀卡

一家鮮花店在搬進新店舖時，同業送來一大束鮮花，賀卡上面如此寫著──「獻上我們深刻的同情心。」並且簽署一個陌生人的名字。

花店的老闆感到莫名其妙，打電話給送花的同業，要求他說明這句話的意思。接到電話的同業頓時臉孔轉為蒼白。因為，這一束花本來是要送給某喪家的東西，而送給喪家的那一束花，卡片上面卻寫著──「恭喜您喬遷到新的地方。」

其實……

一個莊稼漢的騾子踢死了他的岳母。莊稼漢在為她舉行葬禮時，村裡有許多男子爭先恐後地前來參加，以致人滿為患。

待葬禮圓滿結束時，拉比很感動地說：

「去世的這位女士一定是很受歡迎的名人，想不到有那麼多的男人放下工作，來參加她的葬禮。」

「其實，情形並非拉比所說的，」參加葬禮的一個男子私下說明：「我們這些人都是要來搶購那隻會踢死人的騾子的……」

倒楣鬼

看守墓園的工人看到一個男人對墓碑不停地詛咒著，便勸他說：「你別責難死者呀！很多死者就是被人詛咒才超不了生的呢！」

「別說風涼話啦！被詛咒的人反而是我呢！這個傢伙早已就超生

了，想必已經在極樂世界逍遙暗爽了呢！」男子充滿了自嘲地說：「他是我老婆的第一任丈夫呀！」

受騙

兩個愛爾蘭人到墳場散步，看到一塊墓碑刻著──
「你並沒有死，只是在此地長眠而已！」
其中有個人十分不以為然──
「誰會相信這鬼話呢！只有死去的傢伙才會受騙！」

墓誌銘

麥克長眠於此，
他以正義之人的身分死去。
他一生固守正義，意志始終不動搖。
就算，他是個不守正義的人，
仍然會那樣死去。

給妻子的墓誌銘

此處長眠著一個女人──
沒有一個人能夠否認這一點。
生前，極為聒噪的她，
如今已經進入寧靜的世界。
身為丈夫的我，
請求走過此地的人們，

儘量放低聲音談話，

否則的話，她聒噪的性情很可能再度甦醒。

　　　＊

我倆長眠於此墓，

妻與我，以背部相對。

最後審判的號角聲音，大聲地響起來時，

她可能會甦醒過來，但是我仍會長眠不醒。

　　　＊

我的老婆在此地長眠，

生前她很囉嗦、聒噪，惹人煩。

我並非在悲嘆她的死，

我所以如此說，乃是不喜歡當我長眠時，還被人稱為「撒謊者」。

　　　＊

這塊沉重的墓碑是莎拉的丈夫所建立的。

就好像街坊都知道一般，我如此做，

並非要歌頌她的德行，

而是想把她長久壓在地下的緣故。

　　　＊

此地睡著瑪莉・安娜的屍體。

我深信，現在她的靈魂必定跟神在一起。

不過話又說回來了，

縱然是她的靈魂在地獄，

仍然比做巴德福多的妻子好多了。

地獄

卡魯羅斯死了以後，聽說地獄有酒以及女人，所以他選擇了地獄。

他到地獄以後，發現的確有酒以及女人，不過情形是這樣的——酒杯是一個女人裸體的形狀，而杯底則有一個大洞。

環境

葬禮完畢，黑色靈魂到地獄報到。魔頭調查了生死簿說：「根據生死簿上的記載，你有資格到天堂，為何要來地獄報到呢？」

「我知道。」黑色靈魂回答：「只是因為我來自紐約的布魯克林，不太喜歡環境激烈的變化！」

少見多怪

有個男人給一個醫生打電話：「大夫，你快來吧，我的妻子蘭尾炎犯了，你快給她看看。」

醫生：「不會吧，我記得一年前我給你的妻子做的蘭尾切除手術啊！一個人不可能長兩個蘭尾吧？」

那男人說：「是的，一個人是不能長兩個蘭尾，但是你沒聽說過一個人可以再娶一個老婆嗎？」

死人不開口

小鎮上，有個醫術很差的醫生。病人來看病，他往往胡亂看一通，還會亂開藥方，因此出了許多醫療糾紛。

把老婆丟進墳墓

　　有一次，有位生命垂危的猶太人，由家屬陪著前來求醫。那個醫生查了半天，沒查出什麼毛病，卻把猶太人擺弄來擺弄去，差點兒沒斷氣。

　　病人的家屬問：「你究竟會不會看病？」

　　醫生說：「那當然，我看過的猶太人，從沒有說過我不好。」

　　這時，有個人探頭進來說：「是啊！難道那些死人會開口嗎？」

醫德

　　病人：「大夫，請您告訴我，我得了什麼病？」

　　大夫：「坦白地說吧，你的病確實很複雜，很難馬上就下個斷語……」

　　病人：「求您告訴我實話！」

　　大夫：「雖然我現在還無法確診，但你放心，我會在解剖屍體時查明病因的！」

第五章

生命總是被曲解

體貼的人

福勒斯為一家小報主辦〈難為情的時刻〉徵文，應徵信刊出之後，可得美金一塊錢為獎勵。某甲寫：「昨夜回家較早，撞見摯友在親吻我老婆。我實在很難為情，請寄兩塊錢給我，因為我老婆也很難為情。」

福勒斯一共寄了三塊錢，並附了張便條：「我覺得你的好朋友，一定也很難為情吧！」

彆腳襯衫

金斯在百貨公司看到一件樣式很差的襯衫，因為找不到更好的，就把它買下來了。襯衫裡他發現一張紙條，寫著女子的姓名地址，還有：「請來信並附照片。」

他怦然心動，就寫信把照片附去。不久，回信來了。他喜不自勝，打開一看：「承賜玉照，謝謝。我縫這種彆腳的襯衫已經很久了，就是想知道有那種人肯穿。」

難以公平

世界輕量級拳擊冠軍傑克，是美國喬治亞州人，小時候替人擦皮鞋，沒有受過教育。他每次出賽前必先禱告。我問他禱告些什麼，他說：

「我祈禱誰都不要受傷，或祈禱打得漂漂亮亮。」

「你不祈禱打贏嗎？」

「不，假如我祈禱贏，對方也祈禱贏，那上帝該怎麼辦呢？」

羅曼史

童子軍創立人貝登堡的遺孀，說出他們的一段情史——

她說：「一九一○年，他在倫敦看見我在公園散步，但沒有看到我的臉，其實他從來不看女人——總是忙於工作。那天他只注意到我帶狗散步的步伐。當時他正在寫一本教童子軍如何依足跡追蹤的書。同時，他有一套理論：步伐反映個性。」

「兩年後在輪船上，我們見面了，他自言自語說：『這步伐我見過的！』我們正式介紹之後，他問：『妳住在倫敦海德公園旁，妳有一條狗，對嗎？』⋯⋯等到船靠岸的時候，我們已經訂婚了。」

豈有此景？

我的祖母八十年來都住在加拿大，那裡每年下六個月的雪。我和丈夫到曼谷之後，過年時打了長途電話給她，說曼谷這邊陽光普照、草木蔥綠，百花盛開。

「美極了！美極了！」祖母說：「不過，你們不覺得⋯⋯你們有一點『矯揉做作』嗎？」

預留之地

美國西南部有些地方很荒涼，兩城之間隔著五十哩的沙漠也不算稀奇。有一次，我有個朋友最近駕車經過這樣的沙漠，看見一塊木牌，上面寫著——

「此地留待美國人口膨脹之用。」

 做作的人

當費希在伊利諾的中央鐵路局當局長時，有天早上，一個頭戴帽子，口啣菸斗的愛爾蘭人，走進他的辦公室來，對他說：「我要一張到聖路易去的免費車票。」

「你是哪位？」費希局長多少有點吃驚地問。

「我是凱西，是你鐵路局的一個轉轍手。」

局長想到這是一個很好的機會，可以給他一個教訓，讓他學點禮貌，所以便對他說：「凱西，你聽我說，我並不是要拒絕你的請求，不過我們有求於人的時候，總得顧及一點禮貌。你應該先敲門，聽見我說『進來！』才脫下帽子，拿下菸斗，再走進來，先問一聲：『你是費希局長嗎？』我回答：『是的，你是誰呀？』那麼你才說：『我是凱西，是你鐵路局的一個轉轍手。』於是我就會說：『凱西先生，你有什麼事要我幫忙嗎？』那時你說出你的來意，這樣事情就好辦了。現在你且出去，再走進來，看你是不是比以前做得好些。」

那轉轍手聽了之後，便走出去了。

在約莫兩小時之後，有人來敲門，局長說了一聲，「進來！」

走進來的正是凱西，他已經脫了帽子，並從口裡把菸斗拿下來了。

「您早，」他說：「您就是伊利諾中央鐵路局的費希局長嗎？」

「我就是，你是哪一位呀？」

「我是凱西，是你鐵路局的一個轉轍手。」

「唔，那麼，凱西先生，你有什麼要我幫忙的嗎？」

「要你幫個鬼忙，我已經在巴希鐵路上另外找到事了，而且隨時都可以有免費票搭車，包括家屬在內！」

絕對放心

魏皮爾教士在印第安納州向印地安人傳教。第一天,他要到鄰近村落去傳教,於是他將許多東西寄在那個部族的酋長的屋中。

「我不在的時候,它們安全嗎?」他問酋長。

「嗨!請你不必再為它們擔憂了。」酋長答:「我們這兒百里之內是沒有白人的。」

贖罪

一八六四年,我在醫院裡住了三個星期。某日天氣酷熱,我正汗流浹背,教區的拉比來做例行訪問,他臨走時問我們有什麼願望,我和同房的病人異口同聲地說:希望能有一杯冰淇淋。

不到一小時,有個女孩拿了兩杯美味可口的冰淇淋給我們,並說她剛去教會懺悔,拉比要他請我們吃冰淇淋,作為是他贖罪的方式。

早已長眠

希臘雅典的美國新聞處,計劃於美國名人富蘭克林逝世二百五十週年時,舉行一場盛大的演說會,以資紀念。

但是當希臘的雇員將英文通告譯成希臘文的時候,卻弄了一個錯誤,因為從希臘文的通告看起來,好像富蘭克林將要在這個演講會中親自演講似的。

雅典有一間報社的編輯看了通告之後,就電詢美國新聞處,他說:「請問富蘭克林的飛機何時抵達?她演講的題目是什麼?」

「非常對不起,」那個女接線生回答說:「據我所知富蘭克林先生

生命總是被曲解

是不會親自來的，他的演講題目你可能要去費城國家英雄公墓問他了。」

恍然大悟

　　加拿大露薏湖旅館的職員經常要回答問題，向客人介紹當地風光景物。上個季節，有一位很誠懇的遊客問起維多利亞冰川——哪裡是露薏湖最出名的風景，它的照片到處都可以看到。

　　旅館職員在正對冰川的窗口指給她看——冰川從峰巒夾峙的高處蜿蜒而下，一直延伸到湖的另一端。

　　「難怪我沒有看見，」她恍然大悟：「原來那上面蓋滿了冰雪。」

守夜人

　　布來茲斯基是一個波蘭籍的美國公民，當他剛從波蘭移居來美國的時候，經朋友介紹到一家工廠裡去當守夜人。但是照那工廠的規定，守夜人對於夜間的工作，一定要有一個書面的報告。廠商發現他不認識字，當然不能寫報告，於是就不被僱用了。

　　他離開工廠以後，就以販賣舊衣為生，賺了不少錢，便自己開了一家舊貨店，生意頗為興隆，賺的錢也更多了。

　　他有了足夠的資本，於是開始去做投機事業，買賣房地產；十年之後，居然成了一位富翁，開了好幾家商店和買了好幾間大的公寓。

　　這位美國的事業家，素來信用良好，只要他答應一句，幾萬塊錢是不成問題。因為他擁有大宗的產業，所以到銀行裡借錢也都很方便。

　　有次他因為營業上的急用，手邊頭寸不夠，便到一家銀行裡去借十萬元。那銀行的經理一看是他，就毫不躊躇地對他說：

「沒有問題。只消你寫張期票簽個字，我們就可以付款。」

「對不起，」布來茲斯基說：「就請你替我寫張本票，我來簽字好了。你知道，我不是學校出身的。我不認識字，也不會寫字。我的名字，還是我太太教我寫的。但是我至今只曉得寫我的名字，別的什麼都不會寫。」

「真的嗎？」那位銀行經理驚奇地說：「你一個字不認識，居然也成了美國一位出色的人物。如果你認識字的話，那還了得？不曉得會變成一位何等了不得的人物呀！」

「嘿！嘿！沒什麼啦，不過，可能會當個守夜人吧！」布來茲斯基先生很謙遜地回答。

人權宣言

九歲的小湯姆問母親要一支棒棒糖，母親不給他，小湯姆乖乖地走開了。過了兩天，母親要洗他換下來的衣服時，發現口袋裡有張紙條，上面寫著——

「我在這裡所寫的並不多，我長大後當了總統，我要改變人權宣言。一份給大人，一份給小孩。我說我要改變歷史。我統治世界，我將擁有棒棒糖，我將好好看管它。我認為世界是自由的。我屬於世界，世界屬於我。大人們統治世界太久了。」

是我的錯

西蒙太太駕了一輛新型的敞篷車在公路上駛著，才五分鐘的時光，就已經把一切交通法規都觸犯無遺了，最後還撞到了迎面而來的一個倒楣男人。

生命總是被曲解

西蒙太太下車向那男人抱歉地說：「真對不起，先生，這完全是我的錯，請問我是不是駛錯方向，希望您沒有受傷？」

那男人苦笑說：「不，太太，這是我自己的錯。」說著從地下拾起兩枚撞落了的門牙說：「因為我在三百碼外就見到妳了，當時我是來得及逃到樹上去的。」

胖子下山

多年前，我同兒子在海拔一萬七千呎的喜瑪拉雅山旅遊，不幸騎乘的馬兒使起性子，把我拋開，以致股骨折裂達八處之多。

兒子只有請當地的游牧民族、和尚，甚至西藏婦女輪流背著下山。他們一面緩步前行，一面唱著小調。我千錯萬錯，不該請他們把曲調譯給我聽。原來他們唱的是——「願天佛施恩，減輕我們的重擔！」

扯平

前世界拳王路易士在擂臺上賺過差不多五百萬美元，但是一直毫無積蓄。他說：「我希望自己死的時候，墓碑上只寫上『扯平』這兩個字，人不欠我，我不欠人。」

生意腦筋

英王喬治五世（伊莉莎白女皇的祖父）素以樸素節儉而聞名，他自然也希望子女學他一樣，但當時的王子（溫莎公爵）卻是個揮金如土的貴公子。

王子某次從學校寫了封信給父親，請求多給一點零用錢，結果卻換

來一頓嚴斥。父王並要他改變生活方式，動一點生意人的腦筋。

不久，英王接到兒子的另一封信：

「謹遵嚴命，來諭已售予某收藏家，得款二十五鎊整。」

強詞奪理

維也納有一個人被控犯盜竊罪，他在法院裡辯訴說，他曾兩次輸血，後來發現那輸血給他的人，原是一名慣竊。

*

紐約喬治湖的一個警官，報告說有個女人以每小時六十哩的速度開車被他攔住了。她申辯的理由是：「我的輪胎不太對勁，所以我想在它爆裂以前，趕快去更正過來。」

家庭慘劇

一個報販在羅馬鬧市中心大嚷：「義大利日報……今天發生了可怕家庭大慘劇！」我買了一份細看，但是找不到一段值得這樣大呼大嚷的新聞，於是我問那報販：「家庭大慘劇在哪裡？」

他指著一則〈一名少婦一胎產下四胞胎〉的標題，說：「這是我的老婆。」

無駕駛資格

荷蘭的著名飛車冠軍得主——普里米·魯森堡，是聞名歐美的駕車手，他不僅在荷蘭一連保住了八年的飛車競賽寶座的紀錄，而且也是最近兩年來蒙地卡羅業餘賽車的冠軍。他駕駛汽車的能力當然是相當優

秀，然而最近在阿姆斯特丹卻碰到一件非常意外的事情。

因為魯森堡沒有阿姆斯特丹駕車執照，於是他就到阿姆斯特丹警察局去申請駕照，警察辦事效率很好，立刻坐在他車上考驗他的駕車技術，可是當他在市區兜過一圈後，警察卻給了他下面的評論——

「無駕車資格，左轉彎時，從未回過頭看。」

民族性

歐洲有些民宿專為世界各地青年而設，其中英國的一間民宿的主人，大概已摸清楚各國的民族性。他在公布欄上貼出了這張通告——

「澳洲及美國籍朋友請在凌晨二時之前回來；德國籍朋友請勿在清晨六時前起床；義大利籍朋友請勿在晚上十時後談話。」

再也不敢忘

美國石油大王洛克斐勒之子，小洛克斐勒已經八十一歲了，但他還是堅持著別人稱他為「小」洛克斐勒，而不用「約翰‧洛克斐勒」的名字。最近有一份報紙在提到小洛克斐勒的新聞中，忘記將「小」字附在他的名字上，使他大為不快，於是打算戲弄這家報館。剛巧該報因經費短絀而發動讀者募捐，小洛克斐勒一見大喜，立即簽署了一張支票寄予該報，不過他也將姓名中的「小」字故意略掉。結果這張支票退票了。

從此以後，那家報紙再也不敢忘記在他姓名上加一個「小」字。

不同說法

有人問到一個國際馳名的法國電影明星，法國女子和美國女子到底

有什麼不同，他回答說：「如果你送美國女子一雙漂亮的襪子，她就要說：『多麼可愛的襪子呀！』如果你把那雙襪子送給法國女子的話，她就會說：『呀，現在我將擁有巴黎最漂亮的一雙玉腿了！』」

蕭規曹隨

倫敦英倫銀行要求行員們上班遲到的時候，在簽到簿上必須註明理由。倫敦的天氣是大家知道的，所以通常第一位遲到的人，總是在他名字對面的那欄上寫下一個「霧」字，作為遲到理所當然的理由。於是在他以後遲到的人，都跟著他在理由欄上寫著「同上」。

有一天，第一個遲到的人，在簽到簿上所記下遲到的理由為──「妻子昨晚半夜產下雙胞胎」。

接著有二十位遲到的行員，都不加思索地在理由欄上寫著「同上」二字，造成了空前絕後的盛況，在短短一天之中，一區之內生下了二十一對雙胞胎。

老實人

美國某一職業介紹所，某天來了一個老者，請求介紹職業，所裡給他幾張表填，他好容易才寫出了他的姓名：喬治・華盛頓。

所裡的職員看了，就跟他開玩笑說：「原來你就是那個砍倒櫻桃樹的人嗎？」

「不是，不是，那不是我，」那老者馬上回答說：「我失業已有一年以上了。」

律師的作用

英國名律師溫伯頓最近為一對約翰遜夫妻辦理協議離婚。經過幾番唇舌之後，溫伯頓才將約翰遜先生說服，請他在贍養費上略做讓步，事後溫伯頓對約翰遜太太報告說：「經過幾次努力，我才與約翰遜先生獲得一個對雙方都極公平的協議案。」

「雙方都公平！」約翰遜太太叫了起來：「要公平的話，你的作用是什麼？」

教宗怎樣看女人

教宗若望二十三世，以前曾以教廷代表的身分，在巴黎住過若干年。他在那裡曾經被認為是很有機智的人。

其中比較值得追述的一個故事如下——

有一次，他對一個同席的朋友說：「我已經注意到，此地如有一個婦女穿著一件相當暴露的衣服經過，那麼，每個人的眼睛都會趕快望著我，而不是望著那個婦女……」

求才

報上有一則啟事是這樣寫的——

「徵求一名女祕書——要一個容貌像處女——思想像男人——行為像貴婦——工作像牛馬的人。」

懷念之物

一群北極的探險家在外三年方才回到本國，立刻成了社會注目的焦點，人民團體邀請的對象。在每次宴會席上，他們都是主要的客人，而在座的人個個都爭先恐後地向他們問東問西。

某次，有個年輕漂亮的姑娘，問那探險隊的隊長：「在你們離開文明，遠赴北極的時候，什麼東西最令你們懷念呢？」

那隊長從上至下仔細地把那標緻的女孩打量了一番，然後回答說：「……那就是『誘惑』，小姐，那一定就是『誘惑』啦！」

志向遠大

一班中學生去參觀過白宮回到學校之後，他們的教師要每個學生寫一篇印象記。其中一個學生寫道——

「我特別高興能有這個機會去參觀我未來的家。」

效率專家

美國最高法院法官布蘭迪斯雖然工作辛勤、孜孜不倦，但極為重視定期休假。他以前執業當律師時，有一位同事指責他：明知有一件重要案件即將開審，卻還要請假。

「我需要休息。」布蘭迪斯說：「我可以十一個月完成一年的工作，無法以十二個月完成一年的工作。」

生命總是被曲解

 ## 闊爸爸

實業家司普萊凱到加州一家豪華旅館投宿，接待人員一見他的簽名就說：「司普萊凱先生，我猜想您一定要玫瑰套房。」

司普萊凱卻說不要那樣貴的房間。

接待人員不以為然地說：「可是，您少爺每次來都住那種套房。」

司普萊凱說：「我兒子有個闊爸爸，我可沒有呀！」

無法交談

國家在非常時期，人們說話不能不特別謹慎，因為一個不當心禍從口出，就要吃官司的。較為世故的人，在交際場所中，甚至也只能說：今天天氣，哈哈哈──因為他連天氣都不敢批評好壞，生怕惹禍上身。

在英美各國早有鑒於此，所以他們拿天氣作為談話的開場白，已成為一種定型的習俗了。朋友見面，如果不提到天氣，就似乎無法開腔。在英國一年到頭沒有幾天出太陽的，所以英國人不談話則已，一開口就要埋怨天氣；美國地方大，天氣變化多，更是不乏談話的資料。

美國有位賴斯特的人，從南太平洋回到美國時，對朋友談起夏威夷的那種一年到頭沒有變化的天氣。他的朋友聽了大為吃驚，不禁懷疑地問：「如果是那樣的話，人們豈不是沒有辦法交談了？」

知識分子

下面的對話，是在美國一家餐館中發生的──

「夥計，」顧客說：「你給我拿來的是什麼呀？」

「雞肉包子，先生。」那夥計回答。

「但是這裡面一點雞肉也沒有呀！」顧客說。

「都是這樣的，」夥計回答：「名和實本來就是兩回事嘛。你看，熱狗裡也沒有狗。你能希望在大學布丁中，找到一所大學嗎？你能希望在總統香菸中，找到美國總統嗎？」

「胡說八道！」那位顧客氣得發抖。

「先生，你太小氣了。別說一個小小的包子，就是那麼大的一個國家，不也都是這樣的呀。你看見哪個專制獨裁的國家，不都是自稱『民主』國家啊？」

人民的看法

印度的人口問題，已使國家受到慢性滅亡的威脅，政府認為有使人民了解小家庭優點之必要，但因多數人都不識字，推行不易。

孟加拉地方政府乃試用張貼圖片的方法，一幅圖示一間污穢的小屋裡，擠滿了衣衫襤褸的孩子，和一對筋疲力竭的父母；另一幅圖示一間整潔的農舍，住著一對幸福的夫婦，帶著兩個穿戴整齊的孩子。

鄉下人對於這個圖片的反應是——

「這可憐的傢伙！只有兩個孩子。」

難題

當汽車大王亨利・福特做五十大壽的時候，別人問他做富翁最大的不同是什麼，他想了一下回答說：「那很難講，不過在我個人看來，我想那就是我太太已經很少下廚房了。」

 **謹慎的人**

一位義大利遊客來到紐約。他知道這個世界著名的大都市街道一定是很複雜難辨的。加以他又不認識英文，無法開口問路，所以逛街的時候，總得特別小心地記路。在他下榻旅店前，也特地取出筆記簿，把所住的旅館街名記了下來，然後才放心地出門。

他雖然十分當心，但幾次轉彎抹角後，看去都是一些大同小異的高樓大廈，再也找不著回旅館的路了。

在紐約街頭轉了好幾個鐘頭之後，他終於找到了一個交通警察。因為他一句英語也不會說，警察和他比了半天的手勢，仍然不懂其意。好不容易找到一個懂義大利語的人來做通譯，才曉得他是一個迷路者，想要回到下榻的旅館裡去。

他們問他是住在哪家旅館，他說旅館的名字雖記不清楚，但卻把旅館所在地的那條街記下來了。於是很得意地取出他的筆記簿，把細心抄寫的街名拿給警察看。

原來那上面抄的是「單行道」三個字。

健忘者

美國有一位喬治先生頗為健忘，無論做點什麼事，都要先記下來，才能照著去做。他和一位莎麗小姐結婚了，婚後不久，他們正準備出發去度蜜月時，新娘發現她丈夫記下來的備忘錄上寫著：帶藍色西裝、白襯衫、棕色運動服、新內衣褲、檢查一下車子……最後一項寫著──「記得帶莎麗去！」

現實人生

法蘭克林說，他的財產在兩次訴訟中花光了。第一次的訴訟，花了他四分之一的錢，他敗訴了；第二次的訴訟，花了他四分之三的錢，他勝訴了。

＊

法院中沒有上帝，要多花錢才可以打贏官司。

＊

美國有一位法官生了病住院，他問醫生：「大夫，我老是睡不好，我應該躺向哪一邊較好？」

那位刻薄的醫生隨即回答說：「躺向付你錢較多的那一邊吧！」

新聞人

巴黎晚報的主筆拉扎雷夫，有一次對一群大學生講到他的生平說：「一位新聞記者前半生是花在報導一些他所不能了解的事情上；而後半生則是花在隱瞞一些他了解得太透徹的事實上。」

病人與醫生

美國女病人寫給男醫生的信，有時候真是夠奇怪而且十分爆笑。

下面是幾個實例——

親愛的醫師：

在你替我搞過之後，我已經受孕了。

謝謝你！

＊

親愛的醫師：

我六十歲的老父親正在掉牙齒，而我六歲的小女兒，也在掉起牙齒來了。是不是她傳染給了她祖父呢？

    *

親愛的醫師：

你指示我們要多出去旅行。我們已遵囑在去年做過環球一周的旅行。今年我們想要換一個地方去。請你指示我們，還有什麼好的去處？

純潔的人？

十八世紀時，美國有位著名的宗教家名叫喬納桑‧愛德華，是一個極嚴格的清教徒。他們立教之本是簡單純潔，所以這位教士，自然也極鄙視男女交合那種齷齪的事，然而他還是結了婚。

在他婚後一年光景，他的太太就一直在縫製嬰兒的衣服，但絲毫沒有引起他的注意。後來她實在忍不住了，便直截了當地告訴她丈夫說：

「喬納桑，」她把他當作一個普通的人，忘記他是一位純潔的清教徒了：「我告訴你，我要生孩子了。」

出乎意料之外地，她丈夫聽了，不僅沒有表示高興，反而板起面孔，勃然大怒地說：「你怎麼可以對我說出這種齷齪的話呀！以後你再不可以在我面前提到這類的事。」

他太太遭了這次斥責之後，也就不敢再多說了。然而在心照不宣的情況下，她卻一直為他生了十二個孩子。

藝術家本色

美國的大畫家惠斯勒長年住在英國。有一次他和朋友去拜訪倫敦一

位上流社會的人士，走進那屋子後，他發現牆上掛著一幅他的畫，那是他多年前的作品。他看了一下，覺得很不滿意，就取出畫筆和顏料來，在那畫上快速地加以修改。

「喂！你這是在幹什麼？」主人一見大為震驚：「你好大的膽子，竟敢把我的畫塗壞了。」

「你說這是你的畫？」惠斯勒不動聲色地回答說：「不要以為你付了錢，它就成為你的了。」

年齡

有一個女記者訪問畢卡索時，問他說：「何以成年男子，看來會比成年女子更為年輕？」

畢卡索想了一會，如此回答：「那是因為一個自稱四十歲的女人，通常都已經是五十歲了。」

舊的畫筆

名畫家伊伍斯・克萊恩作畫時愛用「活筆」。他吩咐裸體的模特兒先在身上塗滿顏色，自己則站在梯台上指揮，命令她們用染上色料的胴體衝撞畫布。

《時代雜誌》刊載了一篇關於他的文章後，編輯收到一封讀者來信——我對克萊恩的畫並不太了解，但他若有舊的「畫筆」出讓，則極願前往洽購。

生命總是被曲解

127

最喜歡的地方

在某個夏夜，發明家愛迪生從他的工作房回到家裡，太太對他說：「你只工作不休息，非得休個長假！」

「但是要我到什麼地方去休假呢？」愛迪生問。

「你看世界上有什麼地方是你最喜歡去的，你便上那兒去好了。」

「好的。」愛迪生答應了，「我明天就去。」

第二天，他又回到他的「工作房」去了。

革聰

芝加哥交響樂團指揮瑞德（已故）素以專橫聞名。他打拍子時，指揮棒似動不動，團員有時很難看得明白。有一次練習時，低音部的一名團圓有疑問，舉起手來說：「指揮，你的拍子打得太小，我看不清！」

瑞德瞪他一眼，說：「用望遠鏡看！」說罷就繼續練習。

第二天，那名團員果然帶了望遠鏡來，放在三腳架上。瑞德進來開始練習，好像沒看見似的，照常打看不清的拍子，那名團員則瞪起雙眼對著望遠鏡看。這樣過了幾分鐘，瑞德一隻手拿起鉛筆在樂譜角上寫了幾個字，然後撕下來向著他。那名團員從望遠鏡裡一看，上面赫然寫著：「閣下，你已被開除了！」

彼此彼此

鋼琴家Ａ・魯賓斯坦和銀行家Ｍ・魯賓斯坦住在巴黎的同條街坊，因此兩人的信件和電報常常送錯。

Ｍ・魯賓斯坦有一天拿著一束電報到Ａ・魯賓斯坦那裡說：「這是

你的。同時請你來一下，對我太太說一聲，維也納的露易絲、布拉格的伊爾莎、羅馬的蘇菲亞、布達佩斯的馬嘉烈等待這許多女人，都是你的朋友，和我可毫無關係。」

A・魯賓斯坦打開抽屜，也拿出一封電報交給M・魯賓斯坦，並說：「我當然高興幫你忙，但你也得替我做一件事，請你告訴我的太太，羅馬銀行的五百萬里拉和英倫銀行的兩百萬鎊都是你的錢，和我毫無關係。」

十分同意

數學家凱克常常和很多物理學家一起做研究工作。有一次，他在加州理工學院演說，老朋友物理學家費曼打斷了他的話，問他：「我們當中有人說，如果沒有發明數學，物理學的發展大概只會遲一個星期左右，你說對嗎？」

「一點不錯，」凱克回答：「正是上帝創造世界的那個星期。」

生命總是被曲解

第六章

自以為是的驕傲

 **真與偽**

旅館老闆亞諾·寇克貝在買畢卡索的名畫〈母與子〉之前，曾請這位名畫家去鑑定真偽。畢卡索問他那幅畫要賣多少錢。

「十八萬五千元。」老闆回答。

「那麼，」畢卡索回答說：「那就不可能是別人的了，如果是這個價格嘛，一定是我的！」

善後之事

著名的作曲家史特勞夫斯基在去世不久前對人說，活到八十八歲有一點不好，就是——

「要料理身後的事，十分麻煩。近來有人找我，商量舉行追思演奏會、出唱片集、編電視節目，出的價錢倒不少，但問題是——我將來怎樣收錢呢？」

病因

名鋼琴家Ａ·魯賓斯坦，很喜歡這個他親身經歷的故事——

數月前他染患了頑固性的喉嚨奇癢症。由於美國報紙最近瘋狂的報導吸菸引起癌症的病例，令魯賓斯坦十分不安，於是急忙去找醫生診治，然而醫生檢查了他三十分鐘，卻一言不發，叫他回家。

他一夜沒睡好，第二天一早就趕到醫院去。這醫生還是像前天一樣，一言不發地就為他檢查，又過了三十分鐘，魯賓斯坦實在忍不住了，就問：「請告訴我實話，我受得了，我這一生也很快樂了。」

醫生冷冷地答道：「你的病是因為——你話說得太多了。」

教育的目的

小時候，我總以為有一天人長大了，就會無所不知，到時候，做人就容易了，不必疑惑、猶豫，凡事都懂得應付。

如今，我才明白根本沒有這樣的一天。在尋求人生真諦的過程中，我幸而認識了哈佛大學校長羅威爾，聽到他一些智慧之言。

有一次，他幽默地說：「事情錯了，總有哈佛校友的份。」他的意思是，無論誰也不可能無所不知，而且也不可能永遠是對的。

又說：「受過教育的人，能根據不完全的資料來推理和判斷。」從這句話可以明白，一個人要做決定時，往往不能明瞭全部事實的真相，仍舊不免有疑惑，而必須經過推理和判斷，再下決定。

就在這個關頭，「教育」發揮了作用，因為真止的教育不單單是在學校裡讀書，還代表經驗、信念、勇氣、了解、思考、行動。要具備這些，才能將死的知識化為活的智慧，使我們料事如神。

不敢勉強了

當代鋼琴家阿瑟・史凱納伯最不願意演奏之後再表演「安可」曲，所以歷年來不論他的聽眾怎樣歡呼鼓掌，他絕不肯再表演第二次。

可是不久之前，當他在巴黎表演時，法國聽眾卻不管他肯不肯再演奏，一直鼓掌不停，最後史凱納伯終於屈服了，他同意再彈一曲。於是在更大的歡呼聲中，史凱納伯做了他一生中，唯一的一次——安可曲。

他坐下去的時候是午夜一時四十分，他再站起來時已經五點五分了，他彈了一支連續三小時又二十分的長曲子——從此以後，巴黎的聽眾再也不敢勉強他了。

自以為是的驕傲

魚目混珠

作曲家拉維爾喜歡收藏善本書籍及版畫、名貴瓷器和其他藝術品。書房的架子上最顯眼的地方，放著他最寶貴的珍品──一個烏金墨玉般的黑色晶球，他總是得意揚揚地把這件寶物秀給人看。

「你是從哪裡弄來的？真是一件稀世之珍！」客人都敬佩地讚嘆。

「真的嗎？」他謙遜地回答：「這不過是只燒壞了的燈泡。」

心理分析

一位著名的心理分析家曾大發議論說，一個人的專長往往就是從本身某方面的缺憾所發展出來的。

例如，氣喘的少年會成為長跑健將；視覺不良者會成為畫家等等。

講完後，他請聽眾發問。

馬上，後座的聽眾有人向他詢問──

「請問閣下，一個內心不健全的人，是否會成為心理學者？」

以牙還牙

漫畫家凱普最近竟然多了一個賺錢的職業。他到美國各大學演講，痛罵那些學生，每次還要收演講費三千美元。

他對付不懷善意的學生，也是很有一套辦法。

有一次，一名積極份子站起來，用髒話罵他，他回答：「好，你已經說出你的名字，現在你想問什麼？」

適得其反

報社最高的目的為吸引讀者的喜愛,然後才能把握讀者,增加訂戶。但是最近英國的《論壇郵報》卻得到一個與上列原則相反的論調,因為該報接到一位訂戶取消訂閱的通知信,那封信是這樣寫的——「敬啟者:我們不得已取消訂閱貴報,這並非貴報不好——事實上貴報的確相當好。然而敝宅女傭因深愛讀貴報,所以不讀完不肯起身做早飯,因此敝宅只有停閱貴報。特此通知,並致歉意!」

十六個大鐘

大發明家愛迪生第一間自己的工廠開張之後,就遇到一個很頭痛的問題,因為所有的工人好像對於工廠中的大鐘都很感興趣,他們的目光始終離不開那個時鐘。愛迪生又是一個不肯當面指責別人錯誤的人,他苦思良久,終於想出一個對策。

愛迪生訂了十六個大鐘,然後將這十六個大鐘都掛在工廠的四面大牆上,但是他卻使每一個大鐘的時間,都不相同,結果急於下班的人,反而不知道正確的時間,於是就再也沒有人去注意那些大鐘了。

記性太差

大教育家杜威記性很差。一天,他同朋友在校園內散步,有個男孩跑過來向他要五分錢。杜威隨手掏出一枚鎳幣,然後很不耐煩地對朋友說:「這地方的孩子總是伸手向人討錢,真不得了。」

「這孩子不是你的兒子嗎?」朋友問。

杜威回頭一望,說:「哦,背影真的好像是他呀!」

風度

一名美國教授到了巴黎，向三位法國學者請教：「法國人對『風度』的定義是什麼？」

第一個法國學者回答：「這定義並不難下，譬如：當我回家時，發覺妻子正和男人接吻，而我向他們脫帽行禮，再說『對不起！』這就是風度。」

另一個學者說：「這還不夠風度。如果我回家，發覺妻子與別人接吻時，我會脫帽致意，然後說：『對不起，請繼續。』這才算是真正的風度。」

第三個學者捻著鬚，高聲地說：「這也不算有風度。如果我回家，發覺妻子正和一個男人接吻，我也會脫帽鞠躬，再說『對不起，請繼續……』然後……」

「然後做什麼？」

「然後，當然會坐在沙發上，看他們接下來到底想幹什麼！」

一無是處

比亞德高斯基在他《低音提琴師》自傳一書中，提到自己有一次在由托斯卡尼尼指揮的演奏會開始前，當他在休息室練習時，那位世界馳名的大指揮家卻踱來踱去，不斷地說：「你一無是處，我也一無是處。」高斯基說：「我求求你別這樣說，我簡直無法演奏了。」

到他們走到台上時，托斯卡尼尼向觀眾致意之後，會小聲對他說：「我們一無是處，但其他的人看起來則更糟，讓我們來吧！」

務必及時

核子潛艇之父李高佛將軍，對軍校畢業班同學說——

「在畢業典禮中訓話的人，都勉勵你們走出校門後要負起創造世界的重任。可是你們得在一年以內完成這項任務，因為到了明年，新的一批畢業生，聽到的也是同樣的話。」

再來一次

科學小說作家威爾斯說了個故事——

有對父子兩人在海灘玩了一天。兒子覺得父親很了不起，父親揚揚得意。這時剛好要日落了，父親神氣地指著天邊的太陽說：「下去，下去，下去！」

太陽果然下去了，孩子看呆了。

「爸爸，請你再來一次好嗎？」

不忍目睹

音樂家對待自己的樂器，就像丈夫對待妻子一樣——如果樂器是名家的小提琴，更是如此。

小提琴家舒泰恩有一次送小提琴去修理，店家問他要不要在旁邊等一下，馬上就好。

「不！」他顫抖著說：「我在外面等，手術完了再進來。」

自以為是的驕傲

溜之大吉

原子彈之父——奧本・海默二十三歲進了德國哥丁根大學，三星期之後就得到了博士學位。他那篇關於量子力學的論文，非常精深。主考的物理學家詹姆斯・法蘭克口試過後，別人問他奧本海默的成績怎麼樣。法蘭克回答道：「幸虧我早點溜出來，否則，這傢伙已經開始準備反過來向我發問了。」

不用擔心

英國哲學家康德博士在蘭登火車站候車，一列開往倫敦的火車本來不在這裡停，不知什麼原因竟停了下來。康德一個箭步跳上車，迎面來了一名服務員對他說：「對不起，先生，你得下車。因為這列車在這裡是不停的。」

康德博士若無其事地回答：「要是這樣的話，你就不用擔心了，我根本就沒有上車。」

何謂進步

「什麼叫做進步？」有個人問哲學家道。

「所謂進步，就是你把兩噸重的大石頭打成幾百萬顆碎屑，然後又用水泥把這些碎屑黏成一塊。」哲學家回答。

唯此不行

英國佛萊明發現盤尼西林，一九四五年獲諾貝爾醫藥獎。他去斯德

哥爾摩領獎時剛好患了重感冒，典禮進行當中，他頻頻使用手帕，臨去時還是「涕泗交流」。

一位官員很同情他，不斷地說：「可惜不能治感冒。」

經驗之談

天文學家路易士・蕭伯，陪同他的科學家朋友，去參觀威爾遜天文台，當這位科學家從巨大的望遠鏡中向太空探視時，忽然說了一句：「哎呀！就要下雨啦！」

蕭伯覺得很奇怪，就問他：「你怎麼曉得？」

這位科學家回答說：「因為我腳上的雞眼又痛起來了。」

妙喻

愛因斯坦是我們這時代最偉大的科學家。他的《相對論》把我們的宇宙觀整個改變了。其原理只有薄薄的十二頁，卻成為本世紀最重要的文獻。發表後不過十五年，竟有三千七百七十五本大大小小的書，能寫出來解釋「相對論」的。

據說，世界上只有十二個人懂得他的原理。

有一次，有位婦人很直白地問愛因斯坦，說他自己是不是相信他的原理是真的。

「我相信會是真的，」他回答說：「不過，這要到我百年之後，才可以確實證明。」

「那時候怎樣呢？」

「那時，如果我沒錯，德國人就會說我是德國人，而法國人就會說我是猶太人；如果我錯了，德國人就一定會說我是猶太人，而法國人更

是會說我一定是個德國佬！」

上帝有多大

普林斯頓的天文學家亨利·羅斯爾講完了他的銀河系演講以後，有一位太太走過來問道：「如果我們的地球是這樣小，而宇宙是這樣大，那麼我們怎能相信上帝會特別看顧我們呢？」

羅斯爾博士回答道：「夫人，這完全得看妳相信上帝有多大了。」

謊言不攻自破

一個蘇俄演說者，面對在布拉格的捷克學生，講述蘇俄在科學方面偉大的進展。他說：「我們已經發射了兩顆人造衛星，不久我們就能到月球上去，幾年後我們將能到火星，然後到金星去，以後再到所有的行星去，如此蘇聯就會超越過美國，成了世界上最偉大的國家了。」

所有的學生都點點頭，只有一位在偷笑。

「有什麼問題嗎？」

那個學生馬上舉手問道：「先生，我們什麼時候能去美國呢？」

別出心裁

埃及圖坦哈門王的陪葬珍寶在耶魯大學的比波狄歷史博物館展出時，該館的委員瑞勃利博士覺得，可以穿插配合適當的音樂和舞蹈。

他聘到能真正演奏埃及古樂的琴師；另託一個紐約朋友找會跳真正古代埃及舞的藝人。於是，那天在一百八十名校董和貴賓前，出現了一個身材健美的年輕婦女，蛇一般地扭腰而舞。這時，瑞勃利才明白正宗

的埃及古舞原來就是肚皮舞。

他說：「我自然吃了一驚，但沒想到她的表演竟然大受歡迎。後來一位校董對我說，他參加的當地集會很多，但沒有一個比得上那晚的別出心裁。」

立場不一樣

哈佛大學法學院的曼樂教授，有一次和學生在討論一個法律問題。

「但是，教授，」其中有一個學生，站起來表示異議：「您這一點也許是合法的，但卻有欠公正。」

「我親愛的年輕朋友，」曼樂教授回答說：「如果你要尋求公正的話，你最好到對街的神學院去，這兒可是法學院呀！」

猶太風格

猶太人以善於「敲竹槓」聞名於世，雖是一等一的名人亦難避免。

一次，已故大科學家愛因斯坦，應某大校長之邀宴。在座群眾鼓掌請愛氏演說，愛氏起身答道：「今天無可貢獻，如有資料，將來當再來此。」說罷，即便坐下，不再開口。

六個月之後，他突然打一個電話給該校校長：「我已找到資料，可以來演說了。」於是，這位大科學家又享受到一次豐盛的宴席。

創紀錄

某飛行員一邊在樹上求救，一邊悲傷地說：

「我原本想創紀錄的……」

自以為是的驕傲

這時，來救他的農夫安慰他說：

「你已經創紀錄了。在我們這個地方，你是第一個沒有爬上樹，而從樹上下來的男人哩！」

理所當然快

蘇俄陸上競技教練接受美國的體育記者訪問。

記者問他為什麼蘇俄能訓練出跑那麼快的跑者。

「那簡單！」蘇俄教練回答：「我們在起跑槍裡裝了實彈。」

第二歡迎

女教師利用休假到南美洲去旅行，沿途所見都頗為新奇，她玩得很高興。有一次，她問當地人該地最受歡迎的運動是什麼？

「是鬥牛！」那個男人回答。

「不是革命嗎？」她訝異地說。

「不！」男人微笑著回答：「那是第二受歡迎的運動。」

國民的體力

我們不得不承認，美國人的體力大大增加了。

二十年前，如果買十塊錢份量的糧食，一個男人還搬不動。可是，現在，我家那五歲的小女兒就能輕輕鬆鬆地帶回來了。

定功過

運動會結束後，頌揚優勝者的慶功宴在鄉下的旅館中召開。各項比賽的優勝者，都被叫出來接受獎牌和錦旗。而這時候，隨著歡呼聲響起，大家都舉杯乾了。終於輪到最後的大獎，那是個銀杯，在長距離賽跑中優勝的年輕人受獎的時刻來了。

在激烈的競賽中脫穎而出的年輕人站上頒獎台，接受獎杯後，眾人起鬨要他致詞，同時要他乾杯。

為了順遂人意，年輕人說——

「各位，我因為這雙腳而得到這座獎杯。可是，我得到這個獎杯，對我這雙腳而言，並沒什麼幫助！」

運動

住在佛羅里達州度假村的退休企業家，被醫生警告要多注意運動。

有一天，他的朋友在海邊散步，看到他穿著衣服在海邊的太陽傘底下休息，就問他：「老兄，你怎麼不起來走走呀！」

老人眼睛動也不動地盯著正在海邊玩耍的一群比基尼泳裝的美眉身上。「我是在運動啊！」老人說：「我為了看那些女孩，每天早上都得走三哩路，才來到這裡呀！」

令人吃驚的血統

新聞記者訪問了一個六十五歲獲得牛仔競技優勝的德州男子。

「大會說您已經六十五歲，還能獲得這種激烈運動的冠軍，您真是不簡單啊！」

「哪裡、哪裡，」冠軍的男人回答：「我還遠不及我老爸呢！我爸爸才剛拿到職業足球隊守衛的契約書哩，他今年八十八歲。現在他到達拉斯去了，因為他要去參加我爺爺的結婚典禮哩！我爺爺今年一百一十二歲……」

「真是令人吃驚的血統哩！」記者說：「你六十五歲拿到牛仔技術競賽冠軍，你父親八十八歲還是職業足球隊的選手，而爺爺竟然一百一十二歲還結婚。」

「哪裡話，記者先生，事實上，我爺爺還不想結婚哩！他還想玩呢！可是，情況已到了不得不結婚的地步了……」

健康方法

在還沒有慢跑運動和網球俱樂部的時候，新聞記者問以嘲諷他人聞名的參議院老議員健康的祕訣。

「運動，適當的運動！」老議員如此地回答。

「所謂的適當的運動，指的是什麼運動啊！」新聞記者又問。

「我最適當的運動，」老議員微笑地回答說：「便是參加一些熟人的葬禮，並幫他抬棺木。」

有原則的人

可悲又可嘆的英國首相張伯倫，在二次大戰時承認希特勒佔領捷克為合法，並且參加了慕尼黑會議。

會議結束，張伯倫欲踏上歸途時，希特勒對他說：

「為了紀念德軍佔領捷克，你就把雨傘送給我吧！」

「不！那可不成！」戴著高帽子，手裡拿著黑雨傘的典型英國紳士

的張伯倫，斷然地拒絕。

「但是，」希特勒說：「這一件事對我來說具有重大的意義，跟我的威信息息相關。我一定要你的這把傘！」

「很遺憾，閣下的目的，絕對無法達成。」張伯倫仍然拒絕。

希特勒怒極而大叫了起來：「我一定要你的這一把傘！」

「你再大聲叫也無濟於事，」張伯倫很沉靜，但是威嚴十足地說：「你一定知道得很清楚。這一把傘跟捷克不同，它是我個人的東西。我絕對不會給你的。」

走錯路的人

天才鋼琴家赫洛維茲，生平第一次被邀請到倫敦的白金漢宮演奏。赫洛維茲演奏結束時，英國首相也坐在鋼琴前面，不知演奏了一些什麼曲子。

赫洛維茲便對首相說：「閣下，如果您不當首相的話，一定會成為很偉大的鋼琴家。」

「是啊！」首相嘆了口氣說：「很多人都對我抱怨，為什麼不去成為鋼琴家，而跑來政治圈攪局呢！」

反省力很強的人

英國首相邱吉爾，看著人群大群的人們來聽他的演說，感到十分高興、喜不自勝。

不過，他很快地就反省——

「仔細想想，如果我被判絞刑的話，來看我受刑的人一定更多。」

145

 以牙還牙的人

邱吉爾改變他的政治立場，從保守黨進入自由黨時，最為憤慨的人莫過於他的支持者。有一天，一個年輕的貴婦人對邱吉爾說：

「邱吉爾先生，我對您有兩大不滿。」

「是什麼事情啊？」邱吉爾問。

「就是你的政見，以及您嘴上的鬍子。」

「這位太太，」邱吉爾冷然地回答：「妳不要煩心了，因為這兩樣東西，妳都觸摸不到。」

政界

「拜託您，首相。」輕佻的貴夫人說：「政界的動向到底怎樣啦？告訴我一些新聞好嗎？」

「太遺憾啦！這位太太，」邱吉爾報以微笑回答她說：「我今天還沒看報紙呢！」

機智的人

奴隸解放運動的代表團拜訪林肯總統，儘管時機還沒有成熟，但是代表團卻強迫林肯發表奴隸解放宣言。林肯解釋說，就算發表奴隸解放宣言，目前也不可能被實行。

「如果把尾巴也叫成腿兒的話，」林肯向代表團如此問道：「羊兒有多少隻腿呀？」

「五隻。」代表們回答。

「不對！你們都錯啦！」林肯說：「就算把尾巴稱為腿，羊兒也無

法用五隻腿走路呀！」

簽名的人

　　林肯準備在奴隸解放宣言上簽名。從國務卿西華德手裡接過筆以後，林肯把它浸入墨水裡面，走向宣言台。不過，他很快放下筆並沒有署名。吸了一口氣以後，他再度提筆，但是又把它放下來。他對焦急的西華德說：「你再等一下呀！不知怎地，從早上以來我的手就一直在發抖。如果說我的名字能留於歷史的話，一定就是憑這個宣言了。如果我顫抖著手在宣言上署名的話，後世的人在檢討這張宣言時，一定會說──『在宣言上署名時，仍然猶豫不決』而受到批評的人是我，並不是你呀！」

神與林肯

　　美國自從建國以來──就經常招待一般民眾到白宮會見總統，而美其名為園遊會。招待的客人很廣泛，有文化貢獻者、學者、著名的人物，以及小村莊的代表。

　　以目前來說，招待客可以圍繞著總統，跟他握手以及談話，但是在一百二十多年前的林肯時代，總統一直被認為是跟神一般地偉大，是故，光是看到總統，就已經算是很稀罕了。當時的招待的人被安排成一列，在憲兵警衛森嚴監視之下，被帶到總統面前。客人不能與總統交談，更談不上跟總統握手。

　　在某次園遊會裡，客人裡面有一位遠道而來的老頭子，他對於不能跟總統握手的規定感到非常的失望。因此，他在走過總統面前時，對著總統揮動帽子大嚷：

147

「總統閣下！俺是遠從堪薩斯州來的。咱們鄉下人都很相信，神與林肯能救這個國家！」

林肯總統笑著，對老頭子揮揮手說：

「朋友，您所相信的，有一半是對的！」

理所當然

訪問白宮的客人，看到林肯在放置雜物的地方擦鞋。看到貴為美國的大總統，竟然在做那種工作時，訪客驚訝地張大了嘴巴。

「天哪！總統閣下！」客人嚷叫起來：「您竟然在擦自己的鞋？」

「難道，我還必須擦別人的鞋子嗎？」

林肯的朋友

林肯收到很多觸犯軍紀的士兵所寫來的信。他們都要求林肯能赦免刑罰，而且這一類的書信，往往一定附有議員等具有影響力人物所寫的請求文字。

有一天，林肯總統又收到一封信。仍然是來自士兵的傾訴，不過，並沒有其他人物的求情文字。

「這是怎麼一回事呀？」總統很意外地說：「難道這個男子沒有朋友嗎？」

「好像是這樣。」書記官回答：「只有他本人的信罷了。」

「原來如此。」林肯點點頭說：「那麼，我就來當他的朋友吧！」

墓誌銘

　　湯馬斯‧傑弗遜如此寫下了自己的墓誌銘——

　　「此地長眠著湯馬斯‧傑弗遜。他是美國獨立宣言的起草者，制定維吉尼亞州州法的人，維吉尼亞大學的創辦者，以及虔誠的教徒、一個自由的人。」

　　他竟然無視於自己是美國總統的事實。

改變想法

　　有一個整天發牢騷，時常鬧彆扭的猶太老頭兒，突然變得寬大、不與人爭，整天笑嘻嘻的。

　　於是，有人問他何以會一下子改變這麼多。

　　「你問我為何會改變那麼多是嗎？」老人回答：「前後幾十年，我為了獲得心靈上的滿足，不斷的奮鬥。可是，不管我如何的奮鬥，依然不能獲得心靈的滿足。有一天，我回顧了自己過去的經歷後，才感覺到若想活得快樂一些，就不能講求什麼心靈的滿足。在我不看、不聞、不說之下，果然心情感覺開朗了許多。」

極刑

　　「現在，我就要宣布你將接受的最大刑罰。」審判官對著在他面前發抖的被告說：「或許你以為我會把你送入又安全、又舒適、無憂無慮的牢獄中。如果你真的是如此盤算的話，你就完全錯誤了。我現在就要宣告——我要把你送回那個混雜、生活起來很吃力的人世。你回到那兒以後，為了維持生活，必須遍歷苦楚。不安定的股市、漫天亂蓋的政治

自以為是的驕傲

人物、擁擠阻塞的公路、『市虎』亂闖的都市，這一切在在都會威脅到你的生存……這正是我所宣判的極刑。」

能力

在十九世紀初，維吉尼亞州選出的國會議員約翰·蘭道夫，以雄辯聞名遐邇，他那三寸不爛之舌使他的政敵蒙受到激烈的痛擊。

蘭道夫的舌鋒雖然無敵，但是在SEX方面卻欲振乏力。據說，他不能行「人道」。

那時的國會議員為了打擊政敵，往往是不擇手段的，所以當然也不肯放過他的這個弱點。羅德島州選出的議員多利斯達姆·巴傑斯在一次演講時說道：

「蘭道夫議員，神的意志覆蓋著宇宙間的森羅萬象。只要是內心彆扭的怪物，就不能增加子孫。這種內心彆扭的怪物，除了對人抱持惡意之外，就『最重要的那件事』來說，他也是『心有餘而力不足』的。充其量，他只能污瀆純潔、繁榮以及幸福的事情，以倍增悲慘而已。所幸惡魔無法生下惡魔，否則的話，宇宙的森羅萬象就會化為惡魔的殿堂了。不過，我感到非常慶幸的是，說謊者絕對生不出說謊的兒子。那種與神和人為敵的壞蛋，宇宙間有一個就足夠了。」

想不到蘭道夫議員卻心平氣和的說：

「你膚淺得可笑，竟然在此誇示動物性的能力。以這種能力來說，奴隸可以跟你看齊，騾子更是比你出色很多。」

質詢

有一次，蘭道夫議員的質問演說太冗長，以致俄亥俄州選出的議員

費洛門‧比傑敲著桌子，搗蛋地說：「議長，已經質詢完畢！議長，已經質詢完畢！」

蘭道夫在懊悔之餘，使用幾句話就打垮了這個搗蛋的傢伙——

「議長，在下曾經聽說過，荷蘭的貧民能夠使用少許的木片及皮革製造玩具。那種玩具只要使用手指一夾，就會發出「卡卡！」的叫聲。至於俄亥俄州的居民更絕了！他們不必有荷蘭人的工夫，也不必使用像他們一樣的材料，就可以製造出玩具，而且不必用力的夾，就會叫出：『議長！質詢完畢！議長！質詢完畢！』」

新科議員

對於初當選的議員，時常有人如此的忠告。

「你不必那麼謙遜呀！我告訴你，在剛開始的半年，你會感到不可思議，為何自己會來到這種地方？不過在這以後，你卻會為其他人為何會來這種地方而感到不可思議！」

聲明

在保安官選舉時，田納西州某鎮上的一個農夫落選了。為此，他特別在地方報紙登了一則廣告——

「在這一次的選舉中，有四十三位仁兄投了我的票，我要特地在此銘謝。因為，他們都是我的至親好友……不過對於其他人我則要鄭重的聲明，以後我將隨時攜帶衝鋒槍。因為在如此龐大的鎮上，只有四十三位友人，實在太危險了！我得防備……防備……」

自以為是的驕傲

151

這種醫生

來到醫院的一個猶太鄉巴佬詢問西奈山醫學院的實習學生，他的主治醫生如何？

「他是很好的大夫，只是有點喜歡操刀。」學生如此說明：「昨天有一名食物中毒的患者進來，他立刻為病人動胃部手術。前天也有一名耳鳴的患者被送來，他也切下那位病人的一隻耳朵。」

「對不起，請把帽子還給我！」猶太鄉巴佬彎著腰對掛號人員吼叫：「我那『寶貝』腫了起來，不過我還不想被閹割呢！」

病因之所在

一個男子為耳鳴所苦惱，如今又加上眼球突出。他去看醫生時，醫生告訴他割掉扁桃腺就會痊癒。

扁桃腺割掉了，可是症狀並沒有獲得改善。另外一個醫生說原因在於牙齒，所以他也拔掉了所有的牙齒，但是症狀仍然沒有獲得改善，他依然為耳鳴所苦，眼球也仍然突出來。

醫生們集體討論該男子的症狀，結論是一定有某種未知的原因。醫生們對該男子說，他們已經盡了醫學方面的力量，實在愛莫能助，並且暗示他日子已經不多了。

這個可憐的男子跟所有的醫生斷絕往來，決定要好好的度過餘生。他從銀行裡提出了所有的存款，居住於豪華的飯店，開始了他夢寐以求的生活方式。

他訂製了幾套昂貴的西服，又訂製了配合西服的襯衫。西服店的人員到家裡為他量尺寸。

他看到西服店的人員把他的衣領寫成十五英吋半，可是他一向都穿

著十四英吋半的襯衫，因此要西服店的人員更正。西服店的人員又重新量了一次，說：「沒錯啊！就是十五英吋半。」

但是，該男子堅持是十四英吋半。

「好吧！」西服店的人員再也不跟該男子爭了，不過他說：「我可要聲明在先，依照您的意思做十四英吋半領子的話，再有耳鳴以及眼球突出的症狀時，我們可不負責哦！」

伯爵的親戚

沙林傑伯爵一直很喜歡搞鬼、打哈哈。他最喜歡揶揄聖職者，對於冒瀆神聖也非常「在行」。他在自己的私有土地裡擁有教會，不過卻在教會裡養滿了雞、狗、豬、羊等，並且站在宣講台上對著一大群動物說教。他甚至養了一隻狒狒，聲稱牠也是禮拜堂的專屬拉比。

有一天，他招待一位著名的聖職者晚餐。這時，那隻狒狒也在餐桌佔了一席。

當進餐的人全部到齊時，沙林傑伯爵叫狒狒舉行食前的禱告。聽到了這句話以後，著名的聖職者立刻說：「伯爵，我以為食前的禱告是我的任務，我一點也不知道伯爵的親戚也是聖職者。」

混血

一眼就可以看出是猶太人的男子，在火車裡面碰巧跟高傲的英國人同座。那個英國人帶著一隻狗。

「真漂亮的狗。」猶太人讚揚了那隻狗。

「牠是猶太人與豬的混血種。」英國人以鄙視的口吻回答。

「咦？如此說來，這隻狗具有我們雙方的血統囉？」

亡故的友人

巴帝的面孔好像挨了揍，東一塊青、西一塊紫的來參加派對。

「你到底怎麼啦？」一個伙伴問他。

「沒什麼啦！我只是跟麥克吵了一架。」巴帝回答。

「那麼，麥克那渾球也跟你一樣囉？」

「各位請不要這樣說！提起亡故的友人時，我們必須心存憐憫充滿敬意才對……」

憎恨之心

一位拉比告訴信徒們，必須捨棄憎恨的心，因為抱持憎恨之心乃是一種罪惡。

說完了教，拉比問一群信徒，有沒有人可以克服憎恨之心。想不到站起來的人竟然是一百零四歲的波卡多爺爺。

「您沒有任何憎恨的人嗎？」

波卡多爺爺回答：「正是如此，拉比。」

「嗯，實在太難得了！波卡多爺爺，您硬是要得！你能夠把經過的情形說給大家聽聽嗎？」

「說實在的，給我難堪的人還真不少呢！教我恨透的人也不在少數。可是，那些傢伙都死翹翹啦！」

勉為其難

病危的妻子對枕邊的老公說：「約翰，這是我最後一次要求你。在我的葬禮進行時，你必須跟我母親搭乘同輛車子。你一定要答應我！」

「嗯……我知道了。」約翰回答:「不過,那將是我這輩子最倒楣的一天。」

頭條新聞

新聞記者馬克在午餐席上讓他的朋友瞧瞧他腹部開刀的痕跡。

「咦?我們都不知道你罹患了盲腸炎呢!」

「鬼才罹患盲腸炎哩!」馬克憤然的說:「為了搶一條桃色交易的頭條新聞,必須從關鍵人物魏德醫生那兒打探消息,看他是如何和那個女的訂性愛交易的內容?所以我想到了假裝病人以接近他的妙招,誰知他這傢伙竟然真動了刀……」

別有居心

阿魯帶兒子小凱到醫院治療扁桃腺炎。

「醫生非常親切。」阿魯對他的朋友說:「他給小凱冰淇淋吃,又給他餅干、糖果之類。不過,他並非懷著好心眼,因為翌日我又必須帶小凱到醫院去看腸胃科……」

牙醫

德克斯跟好友阿倫正在吃午餐。

「我出去一下。」德克斯說:「牙齒好疼,我要到牙醫那兒。」

「省了吧!」阿倫說:「昨天我的牙齒也疼得厲害,但我回家跟老婆搞完那檔子事,結果牙疼完全好了。你也可以那樣做呀!」

「好呀!」德克斯說:「那麼,你現在就打電話給你老婆,說我馬

上就會過去啦！」

將就一下

資深電視製作人老馬被醫生診斷為胃潰瘍。醫生把他送到一個山上的牧場去療養，並且限制了他的飲食。

「每天只能喝新鮮剛擠下來的牛奶。」老馬對前往探望的朋友說：「經過了好幾天以後，一頭母牛對我頻送秋波，那時我也對得牠很有意思。後來我想，這樣不行，與其要搞一條乳牛，不如回去將就將就搞我家的母老虎，所以就回來了。」

精打細算

猶太人卡斯楚馬跟他老婆到歐洲旅行。當他倆從易登巴勒搭火車到倫敦時，跟一個看起來很精明的猶太商人坐在一起。

這個猶太商人每逢火車停下來時，他就會下車走走，等到火車快開動時，再上車回座。因為前後重複了好多次，卡斯楚忍不住問他為何要這樣做？

「都是為了俺的心臟呀！」猶太商人回答：「醫生說俺的心臟不能再受到任何刺激，尤其是讓人心疼的浪費更必須避免。因此，我覺得買一張票而可以上下車無數次，似乎很划算哩！」

自殺

一個猶太人向藥劑師購買砒霜。

「你不必包裝……我就要在此地服用。」男子激動的說。

藥劑師聽了感到驚訝不已。於是，猶太人就說出了他好幾次都死不成的經過。

「我做什麼事情都不會成功。最近一次我在服過毒藥後，還是不放心，再到紐約中央公園上吊，並用手槍對自己的頭部射擊。不幸子彈打到繩子，繩子斷了！我就撲通一聲掉入下面的池子裡面，喝了好多水，結果服下的毒藥也都吐出來啦！如果我不會游泳就好了，或許就可以當場溺死了。」

莫名其妙

猶太男子史都華到醫院看咽喉。

「我的喉嚨感到怪怪的……」

「你先到檢查室脫光衣服等著。」很忙碌的醫生頭也不抬地說：「我一會兒就過去。」

史都華脫了衣服，坐在檢查室的椅子上。他抬頭一瞧，正有一個渾身赤裸的男子搬著東西進來。

「這個醫生到底怎麼搞的嘛！」史都華對那個男人說：「我請他看咽喉，他竟然叫我脫掉所有的衣服。」

「你還好哩！」該男子回答：「我只不過是送東西過來罷了。」

動感醫院

阿普爾進入一家很有「動感」的醫院。醫生對他說：

「我們都希望病患在開刀後能夠盡量靠自力步行。第一天，在室內行走五分鐘，第二天走十分鐘，第三天走一個小時。」

「我懂了！」阿普爾問道：「在開刀時能夠睡著嗎？」

生意人

猶太阿山是一毛不拔的生意人。他對自己的健康感到不安，於是到醫院檢查血液。

「你不必煩惱，放輕鬆一點嘛！」醫生笑著對他說：「你的身體很健康，你的血液一點也不混濁。」

「那就好了！」猶太阿山喜孜孜的說：「那麼，你就把剛才抽去的血液還給我吧！」

保持乾燥

「三年前，俺罹患風濕病時，您不是叫俺避開潮濕的地方嗎？」湯姆不高興地問醫生。

「是啊，有什麼問題嗎？」醫生回答。

「那麼，俺現在是否能洗澡了呢？」

咬到自己的屁股

醫院的急救電話響了起來。

「你到底是怎麼搞的？怎麼可能自己咬到自己的屁股呢？」值班的醫生不解的問。

「唔……疼死啦！」電話那邊傳來呻吟聲：「因為我不小心坐在我的假牙上面呀！」

無效的藥

胸腔科醫生對罹患肺炎的病患說：「昨天開給你的藥怎樣？你昨晚還是咳得很厲害嗎？」

病患惡狠狠地瞪著醫生說：「是啊。昨夜我根本就沒有睡，一直在練習咳嗽呢！」

興奮

「妳老公喝的咖啡太濃了。」醫生對病患的老婆說：「不要讓他喝那麼濃的咖啡，否則他會興奮過度。」

「大夫，你有所不知。」病患的老婆說：「一旦給他喝淡的咖啡，他不止會興奮成那種德行，簡直會叫天塌下來呢！」

妙斷

賓醫生問及三〇一號病房的病患情形。

「他吵著要回到老婆的身邊去。」一個充滿了魅力的護士回答。

「是嗎？那麼他現在還沒有恢復正常……」醫生說。

你會被我老婆罵

到各地巡迴推銷商品的中年男子，感到身體不適而到醫院檢查。

「你的性生活頻度如何？」醫生問。

「每週一、二、四以及週五都有性生活。」

「天哪！」醫生嚇呆了：「我勸你還是節制一點比較好。星期二那

一次就免了吧！」

「那怎麼成呢？」推銷員說：「星期二是我一個禮拜中，我唯一在家裡的日子啊！」

波霸

有一個「波霸」型的護士。當她量取男性病患的脈搏時，總是必須把脈搏數減掉10～15，這樣才會比較接近實際數字。

愈短愈快

鮑伯因滑雪而折斷了腿骨。

「哇！有沒有搞錯，」在量取鮑伯脈搏的護士叫了起來：「你的脈搏數超過兩百呢！」

「如果再近一點……」鮑伯目不轉睛地瞪著護士的大波，興奮地說：「我還可以跳更快呢！」

不藥而癒

馬醫生去巡視病房。當他來到年老的糖尿病患者病房時，看到病患跟他的私人看護正在床上糾纏。

「得了吧！」醫生責罵病患說：「你有糖尿病呢！絕不能做那種事情啊！」病患說：「糖尿病？俺老早就痊癒啦！否則怎會變得生龍活虎呢？」

自以為是的護士

瀟灑的男明星住進了醫院。立刻有一個嬌小的護士眉飛色舞的跑進病房來。「如果你有什麼需要的話，請你按三下鈴聲。」

「好啊！」男明星有點懷疑地說：「不過，通常不是只需要按一下嗎？」

「按一下當然也是可以的，不過……如果你不按三下的話，我怎麼知道你是要找我？」

率直的護士

醫生叫來了實習護士。

「蜜斯小莉，妳未免太率直了吧！」

「咦？率直又有什麼不好呢？」年輕的護士問。

「話雖然不錯，不過身為醫護人員，必須鼓舞病患，使他們萌生健康的欲望才行。但妳剛才拿雜誌給病患看時，怎麼可以說：『麥先生，如果我是你的話，我會放棄閱讀長篇連載的故事……』」

於是，小莉時時牢記上述的教訓。這回她走到一一八號病房，有意鼓舞一位老太婆。她說：「梅女士，妳不要煩惱呀！雖然醫生說妳的病情百分之九十九不樂觀。不過，妳也可以想一想，另外好的那百分之一的機會啊！」

鐵證如山

「醫生，我多吃胡蘿蔔，視力真的會有改善嗎？」

「當然，你什麼時候看過有戴眼鏡的兔子？」

我現在不想喝

病人躺在手術床上，麻醉師為了確定麻醉藥用量，問病人說：「你平常喝酒嗎？」（編按·酗酒的人有時麻醉藥會失效）

病人答：「嗯，可是我現在不想喝。」

身價

有一位很有名氣的醫生，病人找他看病，事先都要預約。

這一天，診所來了一位外國的公主，因為事先沒有預約，醫生就說：「妳先坐在那張椅子吧！」

公主一聽十分震驚，大聲說：「你知道我是誰嗎？我是公主！」

「天啊！」醫生聽了拍了拍額頭，更正道：「那麼，您可以坐兩張椅子，請不要客氣！」

有理由的小偷

法官：「你為什麼要偷走那輛汽車？」

被告：「我認為那輛車的車主，一定派不上用場了。」

法官：「為什麼？」

被告一臉委屈地說：「因為那輛車子，就停在墓地旁邊呀！那邊不是都住死人的嗎？」

我的本行

紐約的一座監獄裡，今天又來了幾個囚犯。

於是，典獄長把他們召集在一起，首先對他們說：「這兒是座模範監獄，我們是很民主的，每一個囚犯來到這裡，都可以繼續他們原來的工作。」

囚犯們聽了很高興。其中有個人頓時手舞足蹈起來。

典獄長連忙問他：「你以前是幹什麼的？」

囚犯大聲回答道：「典獄長先生，我本來是看守大門的！」

請律師出庭

兩個冤家路窄的人在大吵大鬧。

一個說：「我要到法院去告你！」

另一個說：「奉陪！」

「我要告到最高法院！」

「奉陪，」

「我到地獄都要告你！」

「這個嘛……那到時我會請律師出庭！」

發病的原因

醫生瞪著病人問：「你感到哪裡不舒服？」

「是啊！我心裡感到難受。」

「有多長時間了？」

「從見到您開始的呀！」

 聰明的藥

病人問道：「大夫，你能給我一些可以變聰明的藥嗎？」

猶太醫生開了一些藥，要他下個星期再來，一星期後，病人又來問：「大夫，我覺得自己沒有變得比較聰明啊。」

猶太醫生聽了，又開了同樣的藥，約他下星期再來。

病人果然又依約而來了。他這次說：「我知道自己沒有變得比較聰明，我只是想問問大夫，你給我的藥是不是一般的糖？」

猶太醫生笑著答道：「你看，你不是開始變得聰明一些了。」

第七章

黑色俱樂部

麵包

俄國老公下班回家時，瞧到自己的老婆跟陌生男子在扯淡。看到了這種情形，老公罵了一聲：「Ｘ妳娘！」他越想越氣，又對自己的老婆吼著：「別家的主婦都在排長龍購買麵包，妳卻在家跟野男子打情罵俏！難道妳不曉得，現在麵包有多麼難買嗎？」

鐵一般的證據

某日下午，坐在長凳上面的兩個旅行者，跟當地的俄國人正爭論著亞當與夏娃到底是哪一國人？

伊朗人首先發表意見說：「亞當一定是回教徒。因為，蘋果乃是回教神聖的水果。」

接著，法國的旅行者說：「或許亞當是回教徒，不過，夏娃一定是法國女子。想想看，還有哪一國的女子，會只為了一個蘋果就跟男人上床呢？」

最後，俄國人說：「俺認為亞當與夏娃都是俄國人。俺想——不管在哪一個國家，絕對沒有人會在一無所有以及裸體之下，承認自己是在天堂。」

昔日

有人問一位先知：「雞與蛋，哪一個先存在呢？」

先知以沈痛的聲調回答：「在昔日，什麼東西都有啊！」

因物質不足而煩惱的國家

問：「如果共產黨佔領了撒哈拉沙漠，情形會變成如何呢？」
答：「經過了兩、三年以後，就連沙也會感到不足了。」

文明社會的證據

一個探險家計劃橫越西伯利亞。經過好幾個月，他在踏遍了廣闊未開發的大地以後，偶然看到一個絞首台。

「這一個光景。」他說：「證明了我已經又回到了文明的社會，給了我無限的喜悅。」

住宅觀

莫斯科一棟破爛不堪的公寓，出現了蘇聯的祕密警察。他們用手敲打一個掛有「卡納安」門牌的房門。不久以後，身上穿著破爛衣服的老頭來開門。

「有什麼事嗎？」
「此地是否住著一個名叫卡納安的毛皮猶太商人？」
「沒有啊！」
「那麼，你叫什麼名字？」
「俺叫卡納安。」老人回答。
「既然如此，你為何說沒有呢？」祕密警察表示惱怒。
「你們認為這裡像人住的地方嗎？」

 **寫信的地方**

猶太裁縫師——摩斯可威茲，在深夜兩點鐘，被蘇聯祕密警察從床上叫起來，他被帶到了總部。

「摩斯可威茲同志。」祕密警察問道：「你在外國有親戚嗎？」

「沒有啊，一個也沒有！」摩斯可威茲回答。

「不過，據我們的調查⋯⋯你在美國有一個哥哥。他就是在太空總署中擔任技師的傑可夫・摩斯可威茲。」

「那位兄長，根本就跟陌生人沒有兩樣。我還很小時，他就移民到美國去了，我甚至不曉得他長什麼樣子。而且，我們之間始終不曾聯絡過啊⋯⋯」

「你不想跟兄長通信嗎？」

「我跟他形同陌路，他做什麼事情都跟我無關。同志，我可以回去了嗎？」

「別急，你給我好好坐下！」祕密警察說：「我們一定要你寫信給令兄。」

「好吧！」摩斯可威茲回答：「我回到家以後立刻就寫。」

「摩斯可威茲同志，為什麼一定要回家寫呢？在咱們這兒，不是照樣也能夠寫呀！」

「說的也是，」摩斯可威茲說：「那麼，我就在此地寫吧！」

於是，摩斯可威茲從祕密警察手中接過紙筆，開始寫信——

「親愛的傑可夫兄長，我好不容易找到寫信的時間與地方⋯⋯」

賢愚之差

在莫斯科的警局裡聽到了這樣的對話——

問：「賢明的俄國猶太人，跟愚蠢的俄國猶太人有何分別呢？」

答：「從紐約打長途電話回來的，就是愚蠢的俄國猶太人呀！」

溫馨檢查

南施的男朋友是新聞記者。他被派遣到古巴以後，寄了一封信給南施。南施把信封打開，發現裏面並沒有她男朋友的信件，只有繩子一般細長的紙片。

紙片上面寫著──「妳男朋友對妳的愛仍然不變。只是，他寫太多不該寫的東西啦！」

監看設備

從俄國旅行回來的喜劇演員──鮑伯‧霍伯，被記者要求他發表對莫斯科的感想。

「的確是很發達的國家，每一個房間都有電視。」鮑伯說：「不過，那些電視都是在『看』觀眾的！」

判罪的理由

在歷任的蘇俄頭子裏面，唯有赫魯雪夫具有幽默感，能夠自己消遣自己。以下，就是赫魯雪夫所說的「笑話」──

有一天，一個男子奔入克里姆林宮裏面，一面奔跑一面叫著：「赫魯雪夫是混蛋！赫魯雪夫是大混球！」這個男子被逮捕，並由於侮辱共黨總書記而被判三年徒刑。然而更慘的是他還洩漏了國家機密，於是又被判二十年。所以這個人總共被判了二十三年的徒刑。

收藏家

「我告訴你一個祕密，原來書記長是政治笑話的收藏家呢！」朋友對剛從西伯利亞回來的男子說。

「你搞錯了！」因為有間諜的嫌疑而被關進西伯利亞監獄五年的男子，立刻加以否定，並且更正說：「書記長是在收藏能夠說出政治笑話的人。」

比賽

「你知道嗎？這一次《真理報》要舉辦一次政治笑話的比賽呢！」莫斯科市民對友人說。

「那麼，一等獎是什麼呢？」友人興沖沖地問。

「據說，將被送到西伯利亞。」

後來，政治笑話比賽的成績發表了。

一等獎——禁閉二十五年。

二等獎——禁閉十五年。

三等獎——禁閉十年，並且沒收全部財產。

祕密投票

這是發生於共產國家的事情。某農民前往投票。他到投票所時，管理員給他一個密封的信封，吩咐農民把它投入票箱裏面。

農民試著打開信封時——

「喂！你到底要幹什麼呀？」管理員怒罵了起來。

農民回答說，他只是想知道自己投票給誰，並沒有其他的意思。

「你是不是白癡？」管理員吼叫了起來：「這可是祕密投票呀！」

英雄所見不同

莫斯科正在舉行勞動節大遊行。

此時，天堂正有三個英雄在觀看熱鬧。這三個人就是——亞歷山大、凱撒以及法國大革命時的拿破崙。首先看到裝甲部隊後頭，整齊行進中的步兵部隊，亞歷山大很羨慕地說——

「如果俺有這種軍隊的話，俺就一定能夠征服全世界！」

凱撒看到米格戰鬥機的大編隊，如此地說——

「如果俺有那種科技的話，俺就能夠把全世界踩在腳下了。」

拿破崙則一直在閱讀蘇聯的報紙《真理報》。

「喂……老弟啊！你為何一直看報紙呀！」亞歷山大叫了拿破崙一聲：「難道你不喜歡看大遊行嗎？」

「不錯，軍隊是很卓越，不過，這種報紙也同樣叫人感到驚訝！」拿破崙嘆了口氣說：「如果俺擁有這種報紙的話，滑鐵盧的糗事就不會讓世人知道了。」

紅色按鈕

西伯利亞的地下飛彈基地內，有幾個軍官在控制室玩紙牌。

突然，上校氣咻咻地奔了進來。

「到底誰按了紅色按鈕呀？」上校用白眼瞪著一夥人。

結果呢？當然是沒有一個人回答。

「我再問一次。」上校說：「到底誰按了紅色的按鈕？」

仍然沒有人回答。

「告訴你們！我才不在乎美國會變成什麼……」上校怒沖沖地說：「不過，我一定要知道是誰按了那個紅色的按鈕，上級明明說好讓我第一個按的呀！」

蘇聯的撤退

一九七九年，蘇聯已經在阿富汗進駐了七年以上。在這個期間之內，他們舉行了一次反蘇的大鎮壓。

一個外國的旅行者問阿富汗的大嬸，蘇聯何時才會撤出阿富汗？

「關於這個問題嘛！」阿富汗的大嬸說：「可憑自然解決以及超自然解決的兩種方法。所謂的自然解決也者，乃是天使從空中降下來，把那些蘇聯人運回莫斯科；至於超自然的解決方法，乃是在蘇聯人的協助之下自己改變想法，自動回到莫斯科。」

三個願望

有個捷克人在森林裏救了一隻差點就被蛇吞食的青蛙。於是，森林的妖精就在他面前現形說：「你的慈悲心叫人感動，你不妨說出三個願望吧！我會成全你的。」

「那太好了。」捷克人想了一下說：「我第一個願望是中國軍隊攻入捷克。」

「好的。」妖精說：「那麼你的第二個願望呢？」

「我的第二個願望仍然是中國軍隊侵入捷克。」

妖精很驚駭地說：「好吧！那麼第三個願望呢？注意哦！你的願望只剩下一個啦！」

「第三個願望仍然是中國軍隊攻進捷克。」

「好吧！你既然那樣希望的話，我就三項都成全你吧！」妖精說：「我實在想不通，你為何要自己的國家遭受到侵略呢？以後，中國人會攻入捷克三次。」

「那樣才好。」捷克人挺起胸膛說：「為了三次侵入我國，中國人必須穿越蘇聯六次，如此一來，蘇聯就會被踏成平地啦！」

🐗 在莫斯科

為了紀念十九世紀俄國偉大的詩人普希金，蘇俄決定要建立一個紀念碑，於是舉辦了一場紀念他的設計比賽。不久以後，特別委員會發表了比賽的結果。

第三名是——手裏拿著馬克斯資本論的普希金。

評審一致公認：普希金同志堅持社會主義值得鼓勵。

第二名是——手裏拿著列寧文集的普希金。

評審一致公認：普希金同志熱愛黨的領導，值得鼓勵。

第一名是——手裏拿著普希金詩集的現任總書記。

評審一致公認：這是最具創意、最符合時代感的改革作品，相信普希金同志在地下有知，也會激動得痛哭流涕！

🌿 悲嘆

一個男子進入史達林紀念館。他站在史達林生母的肖像前面，十分悲切地長嘆道——

「唉……這實在是一齣悲劇。這麼一位可愛的婦女，為何來不及做墮胎手術呢？」

不在的時代

史達林統治下的蘇俄，正在舉行勞動節的遊行。大家都在紙板上書寫讚揚史達林的文句，到大街上參加遊行。

一位名叫拉畢諾夫的猶太老頭，在紙板上如此寫著——

「感謝史達林同志，因為，你使我度過了快樂的童年。」

瞧到這一句話，共產黨的幹部對老頭走過來說：

「喂！拉畢諾夫，敢情你患了老人癡呆症啦？你今年不是七十六歲了嗎？在你的孩童時代，史達林同志根本還沒有出生啊！」

「我的意思正是那樣啊！」拉畢諾夫回答。

地獄的語言

列寧格勒的尼可夫橋上集結了一堆人。警察來調查時，看到一個猶太老人很熱心地在閱讀希伯來語的教科書。

「喂！老先生，這場騷動是如何引起的？」警察問。

「天才曉得呢！俺只是在唸希伯來語罷了！」

「為什麼非學那種語言不可呢？」警察說。

「關於這個嘛……你也看得出來俺已經很老啦！來日苦短。死後會見神的話，如果不懂得神的語言，那就不妙啦！」

警察拼命忍住笑意地說：「你怎麼知道死後能到天堂呢？」

聽了這句話，老人點點頭說：「說的也是。俺也不知道是否能上天堂。就算俺上不了天堂也不打緊，因為俺還會說俄語哩！」

你還算幸運

蘇俄的行刑隊帶著美國的間諜到達刑場。因為一直在下雨，使得一行人的鞋子，沾滿了爛泥巴，氣氛顯得非常的沉悶。

「這種早晨實在很不適於死亡。」囚犯囁嚅著說。

「你還有什麼不滿意的呢？」一個士兵說：「我們還得踏著這一大片泥濘回去，而且，還必須在這個國家生存下去呢！」

香格里拉

從鄉下來的學生正在接受口試。

「你在自然科學及俄國古典文學方面，獲得了很優秀的成績。」教授說：「現在，我就要考考你的蘇俄歷史。」

「十月革命發生於何時呢？」

「我不知道。」學生回答。

「那麼《資本論》的作者是誰呢？」

「我不知道。」學生回答。

「請你說出列寧的功績吧！」

「我從來就沒有聽過那個名字呀！」學生說。

「好吧……」教授很驚訝地問：「那麼，你總聽說過戈巴契夫同志的名字吧？」

「什麼……巴戈？」學生反問。

「好吧……」教授說：「你在何地出生的呢？」

「我來自西伯利亞的貝多洛夫卡。」

教授進入沉思之境──貝多洛夫卡，貝多洛夫卡……蘇聯境內怎麼還會有這種沒有被污染的地方呢！

話雖如此

這一件事發生在莫斯科大學。一個著名的教授正鼓動三寸不爛之舌說，不久以後，蘇俄人民就可以憑公費到太空中的各星球去旅行了。

「到那個時候，咱們不僅可以到金星、火星旅行，甚至還可以遠征冥王星。」教授說。

「你們有什麼問題嗎？」教授又補充了一句。

教室的後面有一隻舉起的手。

「那麼，我們何時才能到美國去旅行呢？」

自由的國家

美國人與俄國佬在議論哪一國比較自由。

美國人說：「我可以走到白宮前面，大聲喊叫：『打倒雷根！』但是，我不會發生任何事情。」

俄國佬也不甘認輸地說：「真可笑！俺也可以跑到克里姆林宮前面喊叫『打倒雷根！』，而俺也不會有事呀！」

有關車子的話

有個到莫斯科的美國人，自傲地對俄國人說：「我有三部汽車。一部是我上下班時使用，一部是我老婆購物時使用，第三部是家人到加拿大旅行時使用。」

俄國佬也不認輸地說：「俺沒有汽車，因為沒有這種必要。俺上下班時利用電車，俺老婆都是在附近購買東西。至於到國外嘛……我們有戰車可以利用。」（編按·指前蘇聯以戰車入侵捷克的事。）

社會主義國家

問：發明社會主義的人是勞動者呢？或是科學家？

答：那還用說嗎？一定是勞動者發明的。如果是科學家發明的話，他們一定會先使用老鼠做為實驗。

危機的標識

在列寧格勒旅行中的美國人，在路上滑了一跤，以致掉進工事中的溝子裏面。渾身沾滿了污物的美國人，憤怒之餘，對導遊說：「在我們美國，進行工事的地方都會掛著紅旗，藉以表示是危險的地方，避免人們不小心掉進去，而你們卻……」

「我國也是一樣啊！」導遊說：「難道你在進入我國時，沒有看見到處掛滿了紅旗嗎？」

仁慈的人

蘇俄的外交官對著第三世界的代表們，說明自己國家的政策——

「咱們蘇聯人討厭朝鮮人以及美國人，一向有著很好的理由，那就是咱們蘇聯人最富有愛護動物的仁慈精神。試問：有什麼人會喜歡吃狗呢？對朝鮮人來說，狗就是大餐呢！」

「不過……」一個代表有點兒恐懼地說：「朝鮮人的確會吃狗，但是，我從來就不曾聽說過美國人會吃狗。」

「蘇聯人是不會說謊的！」外交官白了質問者一眼說：「難道你不曾聽說過，美國人最喜歡吃『熱狗』嗎？」

黑色俱樂部

不值得大驚小怪

中國的商業代表官員到匈牙利，叫他感到驚訝的是——布達佩斯的一座大建築物入口，竟然掛著「海軍部」的門牌。

「這到底是怎麼一回事啊？」中國人不解地問匈牙利人：「你們國家根本就沒有海洋呀！」

「這一件事情。」匈牙利人說：「其實不值得那麼大驚小怪呀！貴國不是也有一個『人權組織』嗎？」

打敗的原因

因「六日戰爭」而敗北的阿拉伯俘虜，正在談論敗戰的原因。

「是否蘇聯製的武器太差了呢？」其中的一個人說。

「才不是呢！」另外一個人說：「咱們是敗在作戰指導書。」

「什麼？作戰指導書？」

「因為書上寫著：先把敵人深深的引進自己的領土裏面，再等冬季下雪……」

老婆

捷克有個男子，為了謀得政府機關的一份工作，不得不提出了所謂的身家調查書。接著，該男子又得接受黨部的一場面試。

「你對蘇聯的印象如何？」幹部問。

「關於這一點，我已經寫在另一張紙上面了。我對蘇聯有很深的印象。」該男子說：「我一直把蘇聯看成自己的老婆。」

「到底是什麼意思呢？」幹部問。

　　「是這樣的。」男子說明：「既然捷克是咱們的祖國，不管在任何情形之下，都不應該說蘇聯是自己的母親。所以……我就把蘇聯看成是自己的老婆一般……」

　　該男子就職以後，友人都嘲笑他以阿諛的作法討好黨幹部，但是該男子卻說：「我真的把蘇聯看成自己的老婆呀！第一，它像老婆一般，一點也不可愛。第二，儘管我討厭老婆，可是卻不能更換別的人，蘇聯亦復如此呀！」

小男人的去處

　　當前菲律賓馬可仕總統在鞏固他的獨裁政權時，他經常到菲律賓的各個島嶼演說。不管到哪一個村莊，一旦演說完畢時，他都會詢問聽眾是否有什麼問題？

　　有一回，一個小個子男人站起身來問道：「那麼，可否談談言論自由這回事呢？」

　　馬可仕對這個問題以及男子都不理睬。

　　想不到，當馬可仕到另一個村莊演說時，這個男子又到場，並再次提起言論自由的問題。但馬可仕仍假裝不曾看到那個男人。

　　隔了幾天，當馬可仕來到某一個村莊演講後，詢問聽眾是否有問題時，原本老是在台下的男子不見了。這時，群眾裏面有人大聲叫嚷：「老是跟在你背後，問個不停的男子怎麼不見啦？」

　　馬可仕簡短的答覆：「我想他跟安全部門的官員，正在討論言論自由的話題吧！」

黑色俱樂部

179

 小心翼翼的人

馬可仕仍然掌握政權的時期。在馬尼拉擁擠的公車中,站立的男子對他身旁的男子說:「對不起,請問你是軍方的人嗎?」

「不是!」

「那麼,你是政府官員嗎?」

「不是!」

「你是說,你跟政府完全沒有關係?」

「是啊!」

「那麼,請你把尊腳移開吧!你一直踩著我的腳呢!」

一場誤會

馬可仕政權的末期,馬尼拉的巴士裏面站著一個標緻的小姑娘。她前面的座位上坐著一名政府軍的高級軍官。因為,小姑娘太漂亮了,軍官遂產生了邪淫之心。於是,他就利用混雜中,對小娘子伸出了魔手。但小姑娘並非好欺侮的女子,一把抓住了軍官的手,並且狠狠地摑了他一巴掌。

「喂!妳在幹什麼呀!」站在小姑娘身旁的未婚夫驚叫了起來:「妳怎麼膽敢毆打軍官,這樣一定會被判重罪,並打入監獄的。」

「可是他想吃我豆腐呀!」小姑娘說。

聽到這一句話,她的未婚夫怒不可遏,也賞了軍官一記巴掌。

看到這情形,原本坐在一旁的小姑娘的父親很驚訝地說:「你難道瘋了不成?竟敢毆打軍官。你一定會被打入監獄的。」

「我說岳父啊!那傢伙想吃您女兒的豆腐呢!」

聽到這一句話,父親也賞了軍官一記耳光。

引起了騷動以後，原本坐在公車後面的一個陌生的男子也排開眾人，也伸手打了軍官一記耳光。

公車司機把車子開到派出所，警察逮捕了三男一女。

審判開始時，法官首先說明毆打國家的軍官，將構成反叛國家罪。接著，便問小姑娘毆打軍官的理由。

「那個軍官在公車裏企圖對我猥褻。」

「嗯……」法官說：「如此說來，妳的行為，乃是表示菲律賓婦女崇高道德的行為。」

於是，小姑娘就被釋放了。

「那你呢？」法官再問小姑娘的未婚夫。

「我只是想從該男子淫邪的行為中，保護我的未婚妻而已！」小姑娘的未婚夫說。

「嗯……」法官點點頭說：「你一心一意在保護菲律賓女性的純潔，實在是個好男人。」

小姑娘的未婚夫也獲得釋放。

小姑娘的父親也以維護女兒的名譽，而獲得開釋。

最後輪到那名陌生的男子。

「你為何毆打軍官呢？你是否跟這個小姑娘有著親密關係？」

「沒有任何的關係。」男子答道：「我一開始時，看到小姑娘打了那個軍官。接下來，那個年輕男子又賞了他一個耳光。最後，那位老頭子也揍了他一拳。我還以為馬可仕政權已經倒了呢！所以……我也揍了他一下……看來……好像是一場誤會！」

封不住的地方

在馬尼拉擁擠的公車上面，坐著一位將軍的老婆。站立在她身旁的

男子，放出了一個驚天動地的響屁。將軍的老婆皺起了眉頭說：

「天哪！你怎麼一點也不懂禮節呀！」

「將軍太太。」該男子說：「馬可仕或許會封我們的嘴，但是，他可不能把栓子插入我們的屁股呀！」

郵票

有一天，馬可仕突然心血來潮地說，菲律賓必須要有印著他本人以及夫人——伊美黛肖像的郵票。

這個計畫很快就被付諸實行，新的馬可仕郵票也被印行出來了。

想不到，菲律賓人都抱怨說，新的郵票很不易黏在信封上面，為此，馬可仕叫來了郵政部長。

當場馬可仕試著把郵票貼在信封上面。

「你瞧！」馬可仕總統說：「我這不是把郵票貼得很好嗎？人民為何要抱怨呢？」

「那些無知的人們啊，」郵政部長回答說：「他們都把口水吐在郵票的正面呢！」

企業頭腦

菲律賓前大獨裁者馬可仕的夫人——伊美黛不僅無知，而且揮霍無度，愛慕虛榮，以致被國民所唾棄。

不管伊美黛到哪兒，必定有一個乞丐跟著她，伸手向她要錢。愛面子的她，每次都給乞丐一些錢，但是經過了一段時間以後，她實在感到煩厭透頂了。

有一天，伊美黛對乞丐說：「你們這些乞丐，髒兮兮的，非常不雅

觀。我要制定一條法律，叫警察逮捕所有的乞丐。」

「拜託您，總統夫人。」乞丐哀求著說：「您也看得到，我的兩腿不良於行。有很多身體健全的人尚且找不到工作，更何況是我們這些殘障者？如果您要逮捕所有乞丐的話，我們將如何活下去呢？」

「好吧！」伊美黛說：「我就給你一個機會吧！你想從事正當工作的話，需要些什麼東西呢？你說出來吧！我都會成全你的。」

「那麼，妳就給我一張妳的大照片吧！並且請您簽上名字。」

「好吧！我就滿足你！」伊美黛說：「如果再讓我看到你在當乞丐的話，我就叫你在監獄裏過一輩子。」

從此的幾個月以內，伊美黛再也不曾看到那個乞丐了。

半年以後，有一天伊美黛看到那個乞丐坐著賓士轎車，穿著筆挺的西服，口裏叼著雪茄。伊美黛幾乎不敢相信自己的眼睛，於是叫警察把那個男子帶來。

「我真不敢相信！」伊美黛說：「你到底在做什麼事業呀？」

「一切都是拜您的照片所賜呀！」曾經是乞丐的男子說。

「你到底做了些什麼事情呢？」伊美黛問。

「您不會對總統以及警察說吧？」乞丐說。

「我不會的。」

「那您也不會怪我吧？」

「不會！」

「好，那我就老實告訴您，那天之後，我租了一間房子，並且掛出了一個看板，上面寫著－『好消息！向此照片吐口水者，一次收費一美元，對她撒尿者，一次收費三美元。』於是，沒幾個月我很快的就變成富翁啦！」

公園的銅像

有一夜，菲律賓參謀總長貝爾在馬拉坎南宮附近的公園散步。當他經過建國英雄黎剎文的銅像旁邊時。聽到了一個聲音——

「喂！貝爾，你過來呀！我有話要跟你說。」

貝爾參謀長回頭看看。沒有人影，只有銅像。

「俺說貝爾啊，」該銅像說：「你瞧瞧公園裏的其他銅像，他們不都是騎著馬兒嗎？只有俺一個人整整站了二十年之久！叫人煩死啦！你往日不過是馬可仕的司機罷了，最近終於熬出頭來啦！俺一直認為你是個男子漢大丈夫，你就給俺一匹馬騎吧！」

「將軍，明天我就給你消息。」貝爾參謀長說。

翌日，貝爾就一五一十地把這件事告訴伊美黛。

「你別尋我開心。」伊美黛說：

「世上不可能發生這種事情。」

「夫人，如果妳不相信我所說的話，」貝爾說：「妳就跟我到公園去看看吧！」

那一夜，貝爾把伊美黛帶到銅像那兒。最初的五分鐘裏，銅像什麼話也沒說。

「我說貝爾啊，銅像根本就不會說話呀！我們回去吧！」

「喂！貝爾！」這時銅像說話了：「俺叫你帶一匹馬來。你幹甚麼？帶這隻妖裏妖氣的老母狗來？你以為俺會騎在她的身上嗎？」

有備無患

馬可仕跟他的心腹貝爾，訪問了馬尼拉郊區的監獄。

「閣下，」典獄長說：「囚犯們都在要求生活條件的改善，如果不

答應的話，他們揚言要越獄。」

「是什麼要求呢？」馬可仕回答。

「他們要求每週能夠跟配偶敦倫一次。」

馬可仕稍微考慮後就批准。

貝爾對馬可仕的寬大感到驚訝，但是他卻一句話也不敢說。

接著，還不到一週，典獄長來到馬拉坎南宮。

「總統閣下，囚犯又開始騷動了。」典獄長說：「這一次，他們要求在各牢房裝一架電視機，不然的話，他們就要越獄。」

馬可仕考慮了一陣子，答應了這個要求。

貝爾感到甚為震驚，但是，仍然保持著緘默。

一個月後，典獄長又再度去找馬可仕。

「囚犯們提議，如果晉級到模範囚犯時，週末能夠回家小聚。」典獄長說：「他們還說丹麥早已經實施了這種制度。」

馬可仕又表示答應。

這時，貝爾再也無法再保持緘默了。

「總統閣下，您到底在想什麼呢？在菲律賓這個國家裏很多人沒飯吃，學校的教授抗議待遇太差，誰知您卻在監獄裏花費那麼多錢。」

「我說貝爾啊！」馬可仕總統說：「如果我的政權崩潰的話，你想難道我們會到大學去教書嗎？」

可怕的選舉

前菲律賓總統馬可仕死了，並且來到了地獄。

地獄有火刑、水刑、刀山等七千二百五十三種（菲律賓群島的數目）地獄。至於死者要到什麼地獄，必須由死者跟惡魔一決勝負以後方能夠決定。

不過，自從地獄有史以來，根本就沒有一個死者能戰勝惡魔。例如，西部惡煞神槍手跟惡魔決鬥時，全身被打成蜂巢一般。

有一次，滿面于思的俄國大鼻子跟惡魔賭錢，結果只賭第一局，俄國大鼻子的腦袋，就因為賭輸而開花了。

馬可仕也被鬼卒帶進地獄。

「你也可以選擇一種賭博的方法，」惡魔說：「可是選舉例外。因為一旦使用選舉的方式，你就可以替代我的位置了。」

鼓勵的話

正當兩伊戰爭最激烈的時期……

伊朗宗教領袖柯梅尼到前線視察。當他走到收容傷兵的帳棚時，看到帳棚外面坐著一個傷兵，這名傷兵穿著破爛的軍服，手腕用繃帶包起來，頭部也裹著繃帶。柯梅尼問傷兵情況如何？

傷兵有如自言自語一般的囁嚅著：「我愛著我們的國家。我是為了阿拉以及國家而戰鬥。為了國家，我就是餓了肚子，口渴而沒有水喝也可以忍耐。為了國家，我甚至可以赴死。不過，等打完了這場仗，我再也不會愛國家了！」

「你不要那樣急躁呀！」柯梅尼為傷兵打氣：「就連咱們的死敵美國人也愛著咱們呢！雷根總統甚至冒著被撤職的危險，還偷偷送武器給咱們呢！」

金日成的電話

前北韓頭子金日成，歡迎記者到他的辦公室。一進入辦公室裏面，記者發現辦公桌上面放置著很多的電話，於是問金日成原因。

「這一具電話是打給中國人時使用的。那一具打給蘇聯人,再過去那一具打給古巴,再下來這具打給利比亞⋯⋯」金日成指著不同的電話,一一地加以說明。

「那麼,閣下如果要打到國內的場合,您都使用哪一具電話呢?」一個記者問他。

「噢⋯⋯你是說咱們北韓嗎?」金日成說:「在咱們國內,老子一向只使用擴音器。」

三隻老鼠

某一個政權的獨裁者,歷盡了種種政治陰謀以及革命的危機。有一天,他夢見了三隻老鼠。其中的一隻老鼠胖嘟嘟,另外一隻骨瘦如柴,第三隻則瞎了眼。獨裁者就請老練的占卜家來解釋。

「胖嘟嘟的老鼠,」占卜家說:「牠代表你的兒子。瘦削的老鼠代表人民。瞎眼的老鼠意味著你自己!」

地大物博

毛澤東死亡的前幾天,侍衛蒼白著臉狂奔進來。

「主席,不好了!保加利亞要向中國宣戰了!」侍衛說。

毛澤東看看他,問了一聲道:

「保加利亞總共有多少人呢?」

「有六百萬人。」

「那麼,他們住在哪一家飯店呢?」毛澤東說。

法西斯主義

墨索里尼統治下的義大利，曾經流行如下的笑話——

「基督教與法西斯主義有何不同呢？」

「以基督教來說，一個人會為萬人而犧牲。而法西斯主義呢？則是萬人要為一個人而犧牲。」

墨索里尼的死穴

第二次世界大戰中，遭到民眾射殺的義大利法西斯獨裁者——墨索里尼到了天堂。他在那兒受到拿破崙熱烈的迎接。

「不久以後神仙就會光臨。」拿破崙說：「因為你是新來者，我要特別告訴你。一旦神仙光臨，咱們就得站起來迎接。」

「什麼！」墨索里尼聽了十分不滿，憤然的說：「俺不會站起來的！俺是總理呢！」

「我是凱撒。」另一個聲音響起：「連我也必須站起來哩！」

「不！俺才不要站起來呢！」

他們在爭論時，思想家馬基維利來到了現場說：

「你們不要吵！我有辦法。」

不久以後，隨著三次的敲門聲，神仙翩然到臨。

「立正！」馬基維利喊叫了起來：「攝影記者來啦！」

墨索里尼突然跳了起來。他收緊了下巴，挺胸，端正姿勢，高高地舉手。就如此這般，神仙在寧靜的氣氛下被迎接了。

比神還偉大

墨索里尼死後上了天堂。在那兒，很意外地，他受到了熱烈的歡迎。數以幾百萬計的天使，唱著歌讚美他。接著，天使們搬出王冠以及巨大的寶座給他。

墨索里尼仔細一瞧，無論是王冠以及寶座都比神仙所擁有的來得大。這一點連墨索里尼也沒有想到。

「這到底是為什麼呢？」墨索里尼問神仙。

「因為你比俺偉大呀！」神仙很恭敬的說：「我只能夠叫你的子民每週斷食一天，而你卻叫他們要斷食十天；我使他們有了信仰，而你卻能叫他們放棄了信仰。」

畫家

第二次世界大戰期間，在納粹佔領之下的阿姆斯特丹。

納粹的軍官察覺到街頭的荷蘭人，都彼此的在說：「畫家萬歲！」納粹軍官懷疑這一句話含有輕蔑「希特勒萬歲！」之意，於是叫住一個荷蘭人問道：「你們為何說這一句話呢？」

「我想你們一定也知道，」男子回答：「在我們的國家裏，並沒有偉大的畫家啊！」——原來，希特勒年輕時曾經立志當一名畫家。

沒有道理

有一天，一位住在柏林的猶太裁縫師遭到兩名蓋世太保的圍毆。被揍了一頓之後，蓋世太保如此地質問裁縫師說：「喂！猶太的渾球！是誰使咱們在第一次大戰敗北？」

第
七
章

　　「那是麵包業者呀！」裁縫師有氣無力的回答。

　　聽了這一句話，一個蓋世太保以懷疑的臉色問：「你憑什麼說是麵包業者呢？」

　　「那麼，請問你們又憑什麼把一切都推到猶太人頭上呢？」

紳士之匹

　　第二次大戰期間，被英國俘虜的德國士兵們，就算是受了傷，也不屑於求助英國醫生治療。一個士兵的傷口惡化之後，由於耐不住疼痛，只好老大不情願的去找英國醫生。即使在接受治療時，他也感嘆著不能受到德國優秀醫生的治療，一直對英國醫生採取惡劣的態度。

　　不久以後，由於激烈的疼痛，德國士兵昏了過去。

　　「好了！你不必擔心啦！」德國士兵清醒過來時，英國醫生鼓勵他說：「一切都過去了。這以後你就會變成有教養的紳士了。因為，你的身體內部已經流著三分之一猶太人的血液了。」

兩刀論法

　　第二次世界大戰初期，希特勒所率領的納粹德軍，不僅佔領了法國，同時也對英國展開了激烈的空襲。

　　法國人組織了地下反德部隊，分別在國內及國外參加戰鬥。法國著名的電影明星——傑潘千里迢迢的遠渡紐約，為的是想取得美國的協助，以便增強地下組織的力量。

　　傑潘剛下船時，記者就包圍了他。其中一個記者問他：「法國人對英國人的態度如何？」

　　「法國雖然跟英國組織聯合軍，但是有人巴結英國佬，也有人討厭

英國佬。」傑潘說：「巴結英國佬的法國人，每晚上床前都會如此的向神禱告──『神啊，保佑勇敢的英國佬快一點打勝仗吧！』」

「至於討厭英國佬的那些法國人嘛……」傑潘說：「他們都會這樣的禱告──『神呀！保佑那些一無是處的英國佬，早早把德國佬趕走吧！』」

（編按‧法國民族性一向十分自戀，逢到其他歐洲國家也會表現出莫名其妙的優越感。）

別得意‧中國正在強大

有一天，雷根與戈巴契夫透過直撥電話交談。

戈巴契夫說：「我說老雷啊！昨夜我夢見了華盛頓。同時在夢裏出現了白宮。我也看到星條旗被拉下來，紅旗被升了上去。」

「是嗎？」雷根回答：「昨夜，俺也做了一個夢。在夢裏，俺站在莫斯科的紅色廣場，眺望著克里姆林宮。克里姆林宮的上面飄著一面紅旗，旗子上面還寫著幾個字呢！」

「那並不是啥了不起的事啊！」戈巴契夫笑了笑說：「那旗子上面寫著什麼字呢？」

「俺看不懂。」雷根說：「因為俺不懂中文。」

他們都是大人物

 服從命令

在第二次世界大戰中，有位美國海軍陸戰隊的將軍，到太平洋的某個空軍基地做例行的巡視。當時所有的飛機，都一排排地停放在跑道上，他便大步從其間走過，一一加以檢閱。大多數的飛機上，都張貼著各式各樣的標語、海報，並且寫上綽號。其中有一架飛機上所貼的一張大海報，特別惹人注目，那原是一幅極其生動且迷人的金髮女郎的畫像，不過「她」身上卻是一絲不掛、赤裸裸地。

那位將軍一見到這幅畫時，不禁皺了一下眉頭，把身子挺直，裝得很嚴肅的樣子，大聲吼道——

「你們這些傢伙，給那女人穿上一點衣服吧！」

等到檢閱完了，那架飛機上的所有飛行員，便立刻集合起來，商量如何給那位金髮女郎穿衣服的事。既要服從長官的命令給她穿上衣服，又要不至於遮蔽了她那美妙的肉體，這設計確要煞費苦心。然而，那些大兵，仍然有他們的辦法，可以保全那美女的「廬山真面目」，又能應付將軍的命令。

在一個小時以後，正如那將軍所命令的，他們已給那位美麗的金髮女郎穿上了一套——用透明的薄膠片做成的衣服……

最佳忠告

有人問前美國陸軍總司令克拉克將軍，他一生中所得到的最佳忠告，是什麼？

克拉克沉思了一會兒，微笑著說：

「那要算是勸我和我太太，必須趕快結婚的忠告了。」

「誰給你這個忠告？」那人問。

「是我太太呀！因為她說肚子裡的孩子，快三個月了……」

自己負責

林肯總統的一名顧問推薦某人出任閣員，可是林肯遲遲不予接受，於是這名顧問要求林肯說明理由。

「我不喜歡他那副尊容。」這是總統的解釋。

「面目可憎並不是他本人的錯呀！」顧問仍不死心。

「是啊！可是一個人過了四十歲，他那副容貌就應該完全由他自己去負責了。」林肯輕輕地嘆了一口氣。

幽默

杜魯門繼任美國總統以後，前總統胡佛受邀回到白宮。但那時杜魯門卻來上了那麼一篇破口大罵的演說，重提陳年舊事，對胡佛大肆做出人身攻擊。

其後，有一次胡佛又接到白宮的請帖，這次他可不大願意應邀前往了。不過總統邀請公民，做為美利堅的一分子是無法推辭的，而且胡佛又是個有責任感的國民。

會面時，胡佛坦白地說：「趁我們還沒開始討論的時候，我要跟你說，你上次提到我的那回事，是公務員最下流的行為。」

杜魯門笑嘻嘻地回答說：「你說得很對，當我唸到那個地方時，也實在真有點唸不下去哩！」

幽默大使

美國駐義大利大使魯斯夫人，是一個極為傑出的美國女性。她是一位成功出版家的妻子，也是一位小說家，一個傑出的共和黨員，而且更是一位與眾不同、機智又幽默的人物。

當她奉派出使義大利之後，她創造了一件外交史上罕見的壯舉——用並非自己母語的義大利語對義大利人演講。但是，她的義大利語講得實在並不很好，所以她一開始即坦白地說：

「我現在要使用一種並非我的母語的語言對你們說話。當然，演說時我想你們或許會以為——它也不是你們貴國的語言……」

全場的義大利人一致熱烈鼓掌。從此以後，其幽默大使的美譽便傳遍了整個義大利。

徵兵

法軍在北非的戰場迫切需要傘兵，軍方招募，不遺餘力。後來，他們在巴黎最繁華的一條通衢大道上，貼出了這麼一幅廣告——

「青年們，加入法國傘兵吧！跳傘比過這條馬路要安全得多了！」

嚇壞了

離開白宮之後，胡佛總統覺得有出外度假、稍作休息的必要。他不假思索選定了一家名勝地區裡的旅館。

胡佛接到第一個禮拜的帳單時，乍看之下，把他給嚇壞了，什麼東西都貴得嚇人，於是決定馬上退房。當他走到櫃檯付帳時，突然想起了他有幾封信要發。

「你這裡有兩分錢的郵票嗎？」他問那旅館的帳房。

「有的，總統先生。你要多少張？」

「我不能確定。」他想到那帳單上的價錢，便不得不慎重地問說：「請問，兩分錢的郵票，你們這裡要賣多少錢呀？」

備忘錄

麥克阿瑟將軍一向不喜歡國防部官員的干涉。第二次世界大戰期間，五角大廈中一位要員不斷把備忘錄、統計表寄給他，要他填報，讓他不勝其煩。有一次，麥克阿瑟在未收到備忘錄時，便開始填報告──

「敬啟者，關於下週之備忘錄……」

道歉

在羅馬舉行的國際警察會議席上，正討論到「性犯罪」的問題。

西方列強的代表們，一個個地提出了一些可怕的統計數字。最後，緬甸的代表十分惶恐地走上講臺去，羞怯地說：

「我必須向大會道歉，因為我沒有有關這問題的統計數字，可報告給大家聽。我們是一個落後的國家，我們沒有性犯罪案例。不過這既然是文明國家所必需的，敝國也不得不迎頭趕上，以便與各先進國家並駕齊驅。我們不甘落後，我們絕可以比各先進國家做得更『有聲有色』。在明年的今天，我再來參加這個會議的時候，我相信屆時必能帶來關於這方面可觀的統計，給大家看。謝謝！」

他們都是大人物

瞎說

關於美國第一屆總統華盛頓的故事有很多。

這裡要講的故事，是關於他索回失馬的機智。

有一次，他的一個鄰居偷了他一匹馬，華盛頓便帶著一位警官，走到那鄰居的農場去索回那匹馬；可是那鄰人卻拒絕把馬還給他，還說那是他的馬。

於是，華盛頓便用手把那匹馬的兩隻眼睛蒙起來，然後對他的鄰居說：「如果這匹馬真的是你的，你就應該可以告訴我們，到底牠瞎了的是哪隻眼睛？」

「牠瞎的是右邊的眼睛。」鄰居說。

華盛頓把放在馬右眼上的手拿開，讓警官看那隻右眼並沒有瞎。

「牠瞎了的是左邊的眼睛。」那鄰居隨即改口說：「我弄錯了。」

華盛頓於是又拿開另一隻手給他們看，原來左眼也沒有瞎。

「我想我弄錯了。」那鄰居說。

「是呀！」警官回答說：「你既然證明了這匹馬不是屬於你的，最好還是把牠歸還給華盛頓先生吧！」

是非之地

以色列總理梅爾談到國家前途時，他說——

「聖經說，摩西在沙漠裡漂泊了四十年，才替猶太人找到了定居之所。但是，他為什麼要揀這麼一個『問題多多』的地方呢？」

林肯的機智

美國內戰期間，北軍缺乏卓越的將領和訓練有素的軍隊，當然更談不上什麼作戰計畫了。因此，人人都提出了各式各樣自以為最好的戰略方式。

其中有一位知名之士陳述了他的奇計，林肯耐心地聽取。其實像這樣的計畫，他不知已經聽過多少遍了。

最後，林肯說：「你使我想起了一個故事。很久以前，一個騎馬的旅客在堪薩斯州的荒涼地帶迷了路。那時，黑夜來臨，風暴驟起，雷電交加，大雨滂沱，他十分害怕，只好下馬，牽著馬在黑暗中摸索。最後，有一個巨大的雷聲震撼了整個大地，但卻沒有閃光，那旅客大吃一驚倒在地上，跪著祈禱說：『上帝啊！請你給我一點亮光，少來這些沒用的聲音吧！』」

不必急

美國前國防部長蓋茲有一天和海軍參謀長勃克上將討論公事，談得很久。到了晚上七點鐘時，蓋茲說：「我願意跟你繼續討論下去，可是我非去參加一個討厭的晚宴不可了。」

「我知道，」勃克上將咧嘴一笑地說道：「因為我剛好就是那個使你討厭的晚宴的主人。」

美好時光

某國派駐在倫敦的一位很有名望的單身外交官，當別人問到他獨自在那個郊區的寬廣的寓所裡是怎樣度週末時，他回答說：

他們都是大人物

199

「只要菜湯溫暖如酒，酒香醇得像雞，雞嫩得像侍女，侍女又像伯爵夫人那般地善解人意的話，那就是一個令人難忘的週末了。」

誹謗

前以色列駐美大使艾珍，對於他曾在英國劍橋留學一事，頗感驕傲，並引以為榮。

有一次，有個美國人對他說：「老實說以一個以色列人而言，英語能說出像你這樣的牛津腔來，可真不容易！」

「我說的是劍橋腔。」那位大使微笑地糾正他：

「不過，你弄錯也不要緊的。因為，一個人進入官場之後，總不免要遭受一點點的誹謗……」

政治家

有人問邱吉爾，做一個政治家最必要的資格是什麼？

他毫不遲疑地回答──

「那就是能夠預言明天、下個月或來年將要發生的事──不過，最重要是，如果到時沒有發生的話，還要能說出一個具體的理由來。」

給別人機會

有一次，有位女士理直氣壯地來找林肯──

「總統先生，你一定要給我兒子一個上校的位置。我並不是要求你賜予恩惠，因為這本來就是我們應有的權利。你知道的，我的祖父曾參加雷斯頓戰役，我的叔父在布拉敦斯堡戰役中，是唯一沒有逃跑的人，

我的父親參加了紐奧林斯之戰，而我的丈夫便是在曼特萊戰死的。」

「夫人。」林肯回答：「你的家族三代為國服務，對國家的貢獻實在太大了。現在，你應當給別人一個為國效勞的機會。」

有物為證

詹森總統卸任前參加了一個記者會的午宴，他在席上承認以前曾和記者之間有過「嫌隙」，不過現在已經「忘得一乾二淨」了。

他還說出了任內的一個小祕密，那是屬於一九六五年十月，他為什麼要解開內衣，讓人看他施行膽囊手術後所留下的疤痕。

他的解釋深得記者們的同情。

——原來，當時有一位率直的女記者質問他：

「總統先生，你就任差不多已經快兩年了，你到底曾做了些什麼事，可否讓大家看看？」

電視節目

已故法國總統戴高樂晚上看電視的時候，如果時事評論節目中沒有對他不好的批評時，他會很高興地告訴別人：「我那電視節目……」如果他不喜歡評論者的口氣，他就會對評論者說：「你那電視節目……」如果他認為節目有意挖苦官方時，翌晨他便會傳召新聞部長，劈頭第一句話就說：「昨晚我看過你那電視節目……」

機會難得

當英王喬治一世到故鄉哈諾佛去巡視的時候，在荷蘭的一個鄉村稍

作停留，等著他的隨從去調換新的馬匹。在休息的時候，喬治一世感到有點餓，於是叫人去買幾個水煮蛋，而旅店老闆竟然索價一百佛洛林（即等於十英鎊）之多。

「怎麼這樣貴呀？」英王十分詫異地問：「你們這裡雞蛋產量一定極少吧？」

「向您報告，」老闆必恭必敬地回答說：「我們這裡雞蛋產量並不少，只是英王陛下卻很難得來一次呢！」

自卑心理

前美國總統杜魯門在回憶錄《多事的一年》裡面寫道——

我初任參議員時，路易斯走過來在我身旁坐下。他代表伊利諾州，當時正在參議院擔任民主黨領袖。「千萬不能有自卑心理！」他對我說：「最初六個月，對於自己如何會有這個地位，你一定會納悶。但以後，你就會對我們這般人如何能有這種地位，覺得奇怪了！」

高明一層

聯合國託管委員會有一次開會，英國代表福斯特爵士暢談英國准許殖民地獨立的豐功偉績，正講得高興之際，不料被蘇聯代表一盆冷水當面澆下。

蘇聯代表以嘲笑的口吻說：「這一套話我們早就聽厭了。誰都知道英國聯邦的總理大臣，有一大部分以前都是英國監獄裡的犯人。」

福斯特爵士反駁道：「我們能把犯人變成總理，總比貴國把總理變成犯人，要高明一層吧？」

名人演講

　　從前美國紐約州有一位州長，出身微賤，差不多沒有受過什麼教育，全憑自己的努力，爬到那麼高的地位。

　　他在當時是一位赫赫有名的人物，所以不免要被邀請去演講——因為，名人和演講是分不開的。

　　有一天，他以州長的身分，去參觀美國最大的州立辛辛那提監獄。

　　典獄長見到州長光臨，自然不肯失去這大好的機會，於是照例懇求他在參觀之後，對獄中的囚犯發表演說。

　　既是名人，又是大官，演說早已成了他們生命中的一部分，自然是無法推辭的。一經邀請，他只得上台說幾句話。可是，這位州長平日發表的政治演說，都是由祕書擬稿的，所以講得有聲有色，他的聽眾都是好公民，都是安分守己的百姓，從來沒有接觸過罪犯，也絕沒有料到要以州長之尊，去對犯人訓話，所以口袋裡沒有準備這種場合的講稿。但是事到臨頭，又非講不可。他上台後，半天沒有開口，不曉得要怎樣開始才好。

　　在眾目睽睽之下，最後，他只好說——

　　「我的公民同伴……」

　　但是隨即他就想到，一個人進了監獄，早已失去了公民的資格，是不應稱罪犯為公民的。於是他馬上改口說——

　　「我的囚犯同伴……」

　　自己是州官，又沒有殺人放火，怎麼可以稱呼那些囚犯為同伴呢？這也太不像話。但是要怎樣稱呼他們，一時之間，可真是想不出一個適當的說法來。

　　於是，他在慌亂中，只得匆匆地說——

　　「好吧！總之，今天很高興看到你們這許多人！」

便狠狠地走下台了。

不願從俗

華盛頓州參議員柯頓，接到一封高中女學生寫給他的信。

那封信是這樣寫的——

「親愛的柯頓參議員先生：我們的學校中有一種大家共同的嗜好，那就是蒐集名人的照片。我的一個同學專門蒐集男明星的照片，另外一個同學專門蒐集女明星的照片。但是我願意特別一點，（你知道低俗是多麼令人厭惡！）我希望蒐集政治人物的照片，請選十二位參議員的照片寄給我，不過——在挑選時請當心，我看所有的參議員都那麼醜，請你費心挑幾位漂亮一點的吧！」

計高一籌

美國第二十二屆和第二十四屆總統克利夫蘭，生平最喜歡垂釣，公餘之暇，常要和兩三個朋友，到附近的池畔或海上去釣魚。他釣魚的本領非凡，幾乎沒有幾個人敵得過他。

有一次，他和兩個同事出去釣魚，那兩個人都深知他善於垂釣，所以就提議三人當中不論是誰，只要先釣到了魚，就要做東請客，總統也同意。

後來，克利夫蘭把這次的事情講給一個朋友聽：

「你要曉得，那兩位先生都是吝嗇鬼，怎麼會自動建議請客的方法呢？他們無非是想藉此來敲我竹槓。我看到他們有魚上鉤，卻不把釣竿提起來，故意讓魚把餌吃掉又逃走。」

「那……最後一定是由你來請他們喝酒了？」那位朋友說。

「我也沒有。」克利夫蘭回答，把眼睛眨了一下，「因為我根本就沒有把餌放在我的釣鉤上。」

遲到

小胡佛自就任美國副國務卿後，專心一志地工作。

有一次，他九點鐘到國務院去上班，發現一個國務院的職員遲到了，他就對職員訓話說：

「我九點鐘就來了，這樣才對得起自己……」

他還沒有說完話，這時電話忽然響起來，原來是國務卿杜勒斯打電話給他，杜勒斯劈頭就問：

「你是不是不舒服？我從八點一刻就開始找你，一直打到現在，我還以為你生病了呢！」

道德的定義

伊利諾州名議員保羅‧道格拉斯常被人請去為「道德」下定義，因為他曾在這方面做過調查，並且寫成一本書。

有一次，他聽到一個有關「道德」的談論——

一個商人的兒子問父親：「道德是什麼？」

父親沉思後回答：「比方說，有位顧客買東西，多給我們十塊錢，他不知道，那麼道德的定義就是——多出來的十元，是不是應該告訴合夥人。」

民主

有位激進份子，在凱達格蘭大道大罵執政黨和政府官吏。

「我們的一切痛苦都應由他們負責。」那人大聲疾呼地說：「是誰剝奪了我們安樂的生活，使我們吃不飽，穿不暖的呀？就是那些渾蛋的官吏，就是我們無能的政府。我們現在所要做的，就是放火把立法院燒了，還要放火把總統府燒了。」

聽眾愈來愈多，交通都被阻塞了。

這時一個警察走了過來，他向大家高聲地說：

「諸位先生，請為我們讓出一條路來呀！這樣好了，贊成放火燒立法院的，請站到右邊來。贊成放火燒總統府的，請站到左邊去。現在，就請兩邊分開，好讓出一條路來呀！」

許多聽眾聽了這個警察的話都笑了起來，於是一個個向旁邊散開，只留下激進份子自己一個人。

婚假

美軍在伊拉克時，有一個下士班長向他的長官請假，同時也為他的一個班兵安德生請假。他解釋說：「安德生要請十天的假，因為他要結婚，婚後還要去蜜月旅行。」接著他又說：「而我個人要請十五天的婚假。」

「一樣是婚假，你為什麼要請十五天呢？」長官問他。

「我要多五天假，是因為我還要花幾天工夫，趕快去找一個對象才能結婚呀！」

他理直氣壯地回答。

進步

一九四五年，艾森豪將軍到前線去視察時，曾對那位法國將軍拉特爾說，美國軍隊受法國軍隊的影響，行為舉止已經比從前好得多了。

正當他們在談話的時候，一個美國大兵走過來向艾森豪說——

「嘿！將軍，把你的吉普車借給我用一下好嗎？」

拉特爾將軍是一個最講究軍隊紀律的人，在旁邊見到這種情形，不禁大為驚訝，而艾森豪卻很得意地笑著對他說——

「你看，我說得不錯吧？在一年以前，他們要用車，根本連問都不會問一聲的呀！」

中風

美國第七屆總統傑弗遜，是美國歷史上一位最出色的政治人物。他具有非常堅強獨立的性格，常愛與人爭論。他之所以成名，是因為他在獨立戰爭中，只帶了五千名農家子弟，這一群烏合之眾，居然打垮了一萬名正式訓練出來的英國大軍。

關於這位大人物的傳聞很多，其中最有趣的一個莫過於傑弗遜下棋的故事——

當他的夫人死後，他獨自鰥居，頗感孤寂。他很擔心自己的健康，因為他的家人有很多都是中風死的，他怕自己難免也要那樣死去。這件事使他生活在恐懼之中，生怕會突然中風，不死也要弄得半身不遂。

有一天，他正在朋友家裡，和一個年輕的女郎在下棋。突然傑弗遜的手垂下去了，變得很虛弱不支的樣子。他的面色蒼白，嘴唇也發抖了。在座的一些朋友，看見情形不對，大家都跑了過來，問他什麼地方不舒服，想要請醫生來急救。

他們都是大人物

207

「唉！終於來了……」傑弗遜哀聲嘆氣地說：「我，我中風了，我整個右半身都麻痺了。」

「你怎麼曉得的？」旁邊有人問他。

「因為剛才我好幾次用力捏我的大腿，可是卻沒有一點感覺呀！」傑弗遜黯然地回答。

在旁聽了這話的妙齡女郎，這時趕忙害羞地說——

「啊，先生，你弄錯了！剛才你捏的是我的大腿呀！」

活該

我有一位朋友，第二次大戰時在巴黎的盟軍總部服務，是艾森豪好幾位祕書中的一位。他說有一次艾森豪下樓梯時，剛好一個小兵匆匆忙忙上樓梯，碰個正著，把艾森豪碰倒了。

小兵嚇得面無血色，但艾森豪爬起來卻笑著對小兵說：

「人老了，走路不戴眼鏡，真是活該！」

不知究竟

英國海軍上將賈約翰爵士就任海軍大臣後，到畫室去看他的父親，他的父親是位名畫家，沉默寡言，那時正聚精會神地作畫，對聲名顯赫的兒子未予理睬。

一會兒之後，他擱下了畫筆說：「孩子，你還在海軍工作嗎？」

揭穿

美國西點軍校有一種傳說，有個隊長常要外來的訪客，去參觀他家

裡的一間地下室，那裡面放著一張鐵床。

「我就睡在這裡，以身作則！」那個隊長老是愛對每個來參觀的客人如此解說，以表現他那種斯巴達式的教育和與士卒同甘苦的精神。

有一天，他的管家報告說，一個有紀念價值的金碟子不見了。他馬上寫信給那一批訪客，以客氣的外交辭令請求他們把那碟子退還給他。

過了幾天，他收到一張匿名信。那信上說——

「你只要掀開你所愛睡的那張鐵床的床單，就可以立刻發現那個金碟子。因為，我倒要看看你是不是真的睡在那張床上？」

好朋友

在德國海德堡的美國駐軍司令部，有位名叫諾蘭的美國人，要到巴黎去公幹。但他自己沒有汽車，要向朋友借用。有個朋友答應借車給他，不過附帶了一個條件：要順便送他太太到巴黎去看一個親戚，一個禮拜公幹完畢的時候，再開車去接她回來。

那位朋友的太太可真是一個年輕貌美的尤物，諾蘭對於這份差事，自然樂於接受，於是便帶著那位少婦出發了。

當他們走到德法交界的邊境上，照例要接受警察的檢查。先是德國的警察在德國國境查過之後，然後法國的警察問——

「是你自己的車子嗎？」

「不是，是朋友借給我的。」諾蘭回答。

那警察看了一下他們的護照，又問——

「那位漂亮的夫人，是你太太嗎？」

「不是，是我朋友的太太。」

那警察聽了，神色立刻顯得十分曖昧，把護照遞還給他，盯著那少婦的胸部，並且酸溜溜地說了一句——

「先生，你那朋友可真是了不起，下次也幫我介紹一下好嗎？」

不是不想

一位駐在基地的輔導長，想證實一下剛來的新兵的心理狀況。

他問那一位士兵：「放假時，你的社交生活怎樣？」

「啊……」新兵有點為難地回答說：「我不過是到處去找人聊聊天罷了。」

「嗯……從來不跟女朋友出去玩嗎？」

「從不！」

「你難道連想……都不想嗎？」

那人帶點不安的神色說：「唉！那當然多少不免有點……」

「那麼，你為什麼不這麼做呢？」

「我老婆不答應呀！」

少你一個

美國德克薩斯州州長席維斯，讀完一篇雜誌文章後大受感動，便對他的夫人說道：「妳知道美國有多少真正偉大的人物嗎？」

「我不知道正確的數目。」那位州長夫人回答：「不過我知道一定比你所想的少一個。」

聰明的傢伙

哈里遜生長在美國南部的一個小鎮上，小時候非常羞澀，不大說話，所以鎮上的人都認為他有點傻氣，常常喜歡逗著他玩。

他們說他是一個傻子，是有道理的。

因為，他連一個角子和一個銅板都分不清楚。於是他這種傻名，愈傳愈廣。每天有好幾次，地方人士都會拿出角子和銅板放在手心上，叫他挑選一個拿去，而每次任何人試驗的結果，都發覺他果然名不虛傳，他總是選擇那個大的銅板。大家為之大笑，他也跟著一笑，很滿意地收下那個大銅板。

這樣屢試不爽，習以為常，他的傻子聲譽，也就更加確定了。

有位仁慈的老婦人憐憫他，有一天便把他叫到身邊來，問道：「威廉，你怎麼長到這樣大，還連錢都分不清楚呢？那個角錢的鎳幣，雖然小一點，可是卻值十個銅板呀！難道你連這都不曉得嗎？」

「我曉得呀！」威廉回答說：「不過如果我選擇了那個角錢，以後他們就再也不會來試了，我豈不是連一個銅板都得不到了嗎？」

你說這到底是他愚弄別人呢？還是別人愚弄他？可見被人愚弄的，並不見得都是傻子，哈里遜尤其不是。如果他真是傻子的話，他後來怎麼可能當上美國第九任的總統呢？

金麥穗

法國外交部長修曼，是一個獨身主義者。

有人問：「你是怕結了婚不自由嗎？」有人問：「你是想把全副精神放在事業上嗎？」有人問：「你不贊成現行的一夫一妻制嗎？」也有人問：「你對女性已經厭倦了嗎？」

對於無數關於他的「終身大事」的問題，他聽了總是悶不吭聲或是笑而不答。

直到後來，他一個親密的老朋友來看他，問起這件事情時，他才把實際情形說出來──

他們都是大人物

「當我年輕的時候，我決心要等遇到一個理想的女人才結婚。但理想的女人是很少的，無法很快就找到。找了很多年，總算被我找到了，可是我還是不能結婚，因為我那理想中的女人，她也想找一個理想中的男人，才願意結婚啊……」

先見之明

美國前巡迴大使哈里曼不喜歡寫回憶錄。有一次，他在華盛頓的某個餐會上說：「我做過的事情不是每一件都對的，所以我不想寫一本書，把自己的錯誤都記錄下來。」

十分為難

美國總統詹森經常在白宮突擊巡視，就像百貨公司的總管和旅館的安全人員一般——神出鬼沒……誰都不知道他什麼時候會在什麼地方出現，也不知道他會說什麼話。

有一天，他踱到白宮助理新聞祕書麥爾肯·基爾德夫的辦公室，看見辦公桌上全無待辦的文件，他說了一句：「你倒清閒得很，我希望你的頭腦不會像你的桌面那麼空。」便走了。

基爾德夫便對總統下次突擊的出巡預先做準備，一連幾天把文件都堆在桌上。詹森又來的時候，看了看那批文件說：「這證明你的工作效率太差了。」

見錢眼開

當邱吉爾在下議院前走出那部出租汽車時，他便對那司機說：「我

在這裡大約要耽擱一個鐘頭，你等我一下吧！」

「那不可能呀！」那司機回答說：

「我一定要趕回家去，好在收音機上聽邱吉爾的演說。」

這位下台的首相一聽這話大為驚喜，便重重地賞了這位司機一筆可觀的小費。

「我想先生……」那司機見錢眼開便說：「我還是在這裡等著送你回去吧！管他媽的邱吉爾！」

太好了

甘迺迪參議員的夫人，有一天牽著她的愛犬在喬治城散步，突然那隻狗把皮帶拉斷了，朝著兩位正在專心談話的紳士衝去。

那兩位紳士一個是前國務卿艾其遜，一個是大法官佛朗克佛特。甘迺迪夫人感到非常難為情。

向那兩位紳士道歉之後才離開，在回家的半路上，正好遇到了艾其遜的夫人。

她一見面便說道：「我非常抱歉，因為我的狗攻擊了妳先生。」

想不到艾其遜夫人，卻笑著回答：「我相信他一定很高興，因為他已經有好幾個禮拜，沒受人攻擊了。」

極機密

美國國防部長威爾遜，在記者招待會上，對那些記者頗感棘手，因為他們的發問都很切中要害，而部長又必得在不洩漏國防機密的範圍內，給予誠實的回答，所以遣詞用句，煞費斟酌。

威爾遜本就不是一個善於辭令的人，而許多問題都觸及機密，使他

難以作答。當他正竭力想找出一個適當的答案而又苦思不得的時候,他那露在桌子下面的雙腳,就不由自主不斷抖動,顯示心中的苦悶。

有位刻薄的記者,發現了部長的那個小動作,便寫了一篇輕鬆的小品文,敘說世人如果要知道威爾遜的心情,只消看看他的腳就行了。

又一次召開記者會的時候,威爾遜就在桌子前面掛了一塊桌巾,這樣一來,新聞記者就再也看不見他的腳了。

更絕的是!在那塊桌巾上面寫著三個大字——「極機密」。

女王的帳單

白宮在做定期的維修工作。柯立芝總統走進閣樓時,建築師和承包商正在查看屋椽和屋樑,建築師指出一八一四年英國人放火燒壞的地方,堅持必須換上新的,便問要用木頭呢?還是用鋼板?

總統仔細查看了燒壞的木頭,然後對承包商說:「好吧!就用鋼板,而且把帳單送到英國女王那兒。」

不同之點

退休的柯斯頓將軍現在是美國機械工程公司的總經理。在蒙特卡羅的一個雞尾酒會裡,他碰到一個軍隊裡的老朋友。

「好啊!將軍。」那個朋友問他:「管理一個大公司感覺如何?和管理一個部隊一樣嗎?」

「有一個不同的地方。」柯斯頓將軍回答道:「假如現在我喊一個人進來咆哮一頓的話,他就會說他不幹了。」

鼓舞士氣

拿破崙在大戰前夕，由一名將軍陪同到前線去。這天是下雨天，泥漿深及足踝處。拿破崙在一個活動的講台上對士兵談話，當他走下來時，一跤滑倒在泥漿裡，士兵們不禁哄堂大笑起來。

那將軍尷尬地把拿破崙扶起來，謙恭地為他部下的行為道歉。

「沒有關係。」拿破崙對那將軍說：「摔這一跤大概比我的談話，更能激勵士氣呢！」

兄弟之分

參議員約翰·甘迺迪總是被人誤認是他的弟弟羅勃。羅勃是參院貪污調查委員會的首席律師，也常常被人誤認作約翰。

在一架從波士頓起程的飛機上，有一個坐在約翰旁邊的婦女向這位參議員道賀，因為他得到了某大學所頒贈的名譽學位。

「那是我弟弟。」參議員說。

「喔！那麼……」那個婦女說：「你是那個當律師的囉？」

「那也是我的弟弟。」參議員又說。

最後下機時，那個婦女熱誠地說：「對了，告訴你弟弟，我一定會投票選他做總統！」

聽了這話，參議員甘迺迪站起身來回答：

「不對呀！那就是我啊！」

掛燈

尼克森當副總統時，曾告訴人家關於掛在他辦公室裡的，那盞美麗

他們都是大人物

大玻璃掛燈的來歷。原來，那是傑弗遜總統從法國買來裝置在白宮裡面的。老羅斯福總統在位的時候，它就掛在老羅斯福用來當作辦公室的那間屋子裡。每當窗外有點兒風吹進來時，那上面的玻璃墜子就會叮噹作響，使得老羅斯福心神不寧。

終於有一天，他嚷道：「把那個鬼東西拿走吧，掛到副總統的辦公室裡去。他沒有事情好幹，這個倒可以使他不打瞌睡！」

自傳

塔伏特三世的小女兒在學校寫了一篇簡單的自傳，老師接過來一看，發現她是這樣寫的——

「我的曾祖父是美國總統，我的祖父是俄亥俄州的議員，我的父親是美國駐愛爾蘭的大使，而我是一個女童軍。」

提高水準

喬治亞州的州長赫曼·湯馬斯前往佛羅里達州時，在電視節目裡訪問他的記者，故意用言語激怒他，該記者指出竟然有成千的喬治亞州人民遷居佛羅里達州。

「州長。」他喋喋不休地問道：「這麼多貴州的人民離鄉背井到本州來過好日子，關於這一點，您有什麼感想？」

湯馬斯笑了笑說：

「我認為，這一定能提高佛羅里達州的知識水準。」

大家一起笑

韓戰中，美國的英雄狄恩將軍，有一次召集部下訓話時講了一個笑話，因為有南韓的軍隊同時在聽訓，於是韓國的翻譯官就將英語譯成韓語，但是他只說了兩、三句話，南韓軍就哄堂大笑。

狄恩將軍頗覺不解，為什麼他說的笑話很長，而翻譯官只須兩、三句話就能譯出。

事後，狄恩將軍追問翻譯官，誰知翻譯官竟然如此回答——

「將軍，因為我怕他們聽不懂你的美式笑話，所以我就只說：狄恩將軍現在說了一個笑話，請大家一起大笑吧……」

善拍馬屁

英國人的幽默感舉世聞名。其實，英國人的鬼計多端與善拍馬屁，也是舉世聞名的。以下的故事即可證明這一點——

最近有位英國的海軍上將視察英國皇家海軍學院時，一切都很滿意，最後來到受訓學員的宿舍時，他問一個學生：

「你知道英國最偉大的海軍是誰？」

那個學生眼珠一轉，回答道：

「最偉大的英國海軍是納爾遜將軍，還有……請問閣下貴姓？」

捨近求遠

美國大西洋聯軍統帥及大西洋艦隊司令瑞特上將，有一件事使他頗以為自豪。當他在西元一九四一年到美國海軍軍校去視察時，他記住了每個新生的姓名及面貌——約有一千人左右——而且到現在他還能認出

大部分來。

最近他一看到某個軍官，便認出是那班上的學生之一。

「你是四年一班的馬丁。」他對那個又驚又喜的軍官說。

交談了幾句後，瑞特上將問：「你現在在哪裡服務？」

「我是你的隨從，長官。」馬丁回答道。

洗腦

英國駐美大使館有一次舉行音樂演奏會，席間有一個職員領著他八歲大的孩子出席。因為這個孩子在美國已經住了五年，生活習慣大部分已經美國化，所以直到整場音樂會很順利的演奏完畢時，一直無事發生。可是，最後當樂隊根據英國人的習慣，於最後一曲演奏起『上天保佑吾王』的時候，這個孩子忽然站起來合唱，然而他唱的卻是美國兒童竄改過的歌詞，充滿詼諧與笑謔。

當音樂會演奏完了之後，英國使館的祕書對這孩子的父親說——

「我們應該向美國當局抗議，因為他們將這孩子洗腦了。」

不必懷疑

日本前首相吉田茂戰前出任駐英大使時，竭力想迴避那些侵略心極強的日本軍人。當他聽說一位非常好戰的內閣閣員要來倫敦之後，心裡很不安。

他從來沒見過此人，而且也不想在這時候跟他見面，於是囑咐手下。「那人無論什麼時候來，都告訴他我出去了。」

手下遵命照辦。但是那個內閣閣員後來起了疑心，便到大使館去一探真假。他到達大使館門口時，吉田茂正好走出來。他自報姓名，並且

問能不能見大使。

「先生，不行。」吉田茂說：「大使出去了！」

來者本來已掉頭離去，但卻猛地轉過身來，兩眼緊盯著吉田茂問道：「你不就是大使了嗎？」

「我是。」吉田茂深深一鞠躬，說道：「閣下既然聽見吉田茂親口說，吉田茂不在，難道還不相信嗎？」

緊閉尊口

美國故總統艾森豪與北大西洋統帥格蘭特是很親近的知己，當艾森豪就任美國總統之後，格蘭特即繼艾森豪成為北大西洋公約組織的軍事統帥。但是，他發覺每天花在接待訪客上的時間永遠不夠用，這使他頗為煩惱。

後來他看到艾森豪總統每天接待的訪客比他接待的還要多，他決心問一問艾森豪，為什麼他仍有空閒從事其他重要工作。

艾森豪聽了他的問題之後，微笑說——

「這很簡單，你只要緊閉尊口就成了。」

正因如此

紐約州長小洛克菲勒求學時，曾在學校餐廳打工賺錢。

有個同學說：「如果我爸爸是洛克菲勒，我就不必做這種事了！」

小洛克菲勒聽了，笑著回答：「我會來做這種事，正因為我爸爸是洛克菲勒啊！」

他們都是大人物

治國之道

英國首相威爾遜的治國之道，可以從他把工黨比喻為一輛舊馬車的解釋，來看出一個端倪——

「如果你以高速前進，車上的人不是興高采烈，就是頭昏眼花，沒有人會找你麻煩。但如果你停下來，那麼每個人都會下車，爭辯著到底應該往哪個方向走。」

政治人物的畫

英國首相邱吉爾，是一個業餘的畫家。

有一天他的友人來訪，看到他的畫，奇怪地問道：「老兄，為什麼你畫的全是風景畫？」

邱吉爾回答道：「因為畫錯了，也沒有人會提出反對！」

全力以赴

美國公路建造委員會的執行委員威廉斯，因連選而連任不知有多少次了，據說他那把委員的寶座都已被他坐破。不過，他確實是做了點事，且頗有表現。

但是，突然出現了一個意圖可疑，自命是改革派的候選人，放出風聲說要去搶威廉斯的寶座。他在某次競選演說中，以雷霆之勢對這位老委員進行攻擊。

「諸位都知道威廉斯委員負責公路的建設，我現在要提醒各位納稅者的是，一條修得最寬，而且又鋪得最好的公路，正是從威廉斯委員自己的農場前面通過呢！」

　　他停了一下，讓聽眾想想威廉斯委員是何等的自私自利，拿著大家的錢，先為自己修路。但他還沒有繼續再說任何鼓動群眾的話語之前，威廉斯卻不慌不忙地站起來答話了。

　　「那正是我為什麼要再三地出來競選的理由，這樣我在這一次任內，就一定能全心全意地替你們修路了。」

逐客術

　　尼泊爾王國的首相巴德馬・希爾擅長交際，常常能藉著巧妙的方法，逐退那些不受歡迎的晉謁者。有一次，印度駐尼使節潘迪萊里因公往訪，便向希爾討教逐客的妙術。

　　希爾說：「這法子很簡單，也沒什麼奧妙。我的太太若是認為訪客浪費我的時間過多，就會遣下人來報告說國王召見甚急，如此一來，客人自然就會立即告退了……」

　　想不到，這話剛好說完，叩門聲起，一個侍者推門而入，報告道——「國王請首相立刻入宮去！」

第九章

別會錯意的浪漫舞曲

 友誼式擊落

一九四五年八月十五日晚上十一點鐘，日本宣布無條件投降，「蠻牛」哈爾賽上將，當時正在米蘇里號上指揮第三艦隊，便立刻召回幾百架準備去轟炸東京的飛機。但是，不久哈爾賽發現好幾架日本神風飛機，不知是尚不知他們的國家已經宣布投降，還是寧死也不願投降，正向他的艦隊俯衝下來。

最後，全艦隊的無線電都響起哈爾賽的命令——

「假如發現敵機，就友誼式地將它打下來……」

借兵

第一次世界大戰時，愛爾蘭人佩特在法國，他的妻子寫了一封信給他：「在愛爾蘭，能做事的男人一個都沒留下，而我又自己實在無法去挖掘那一大片的田地。」

佩特回信道：「切勿挖掘那片田地，該地藏有軍火。」

這封信馬上就被官方檢查到，便派士兵到他家中將那片田地的每一寸地都挖掘過。「我真不知如何是好。」佩特太太寫信給他：「官方突然派來了一群士兵把整個田地都挖遍了。」

佩特又回信道：「現在妳可以開始種植了。」

厲害的史達林

美國總統羅斯福、英國首相邱吉爾與史達林三人一同去莫斯科，途中遇到一條牛正睡在馬路上，使得汽車無法通過。

羅斯福首先下去對牛說：「老兄，你雖然有睡覺的自由，但我們也

有行車的自由，好不好請你先起來一下，等我們過去你再睡好嗎？」牛不理他。

換邱吉爾說：「你不能睡在公路上妨礙交通！」牛依然不理不睬。

最後史達林走了過去，只低聲在牛耳上嘀咕了幾句，牛就立刻站起來走了。羅、邱兩位都暗中佩服，可是仍不知道史達林的高明之處。

後來羅斯福問他，史達林才說：「我問他走不走開，不走開的話，老子就送牠到集中營去改造！」

老邱的自傲

在一九〇九年，邱吉爾非常驕傲地當了父親。

據說，老邱的女兒曾經是財政部人員談話的主要題材。

「她是個美麗的孩子嗎？」喬治勞勃特先生問道。

老邱咧嘴笑了：「她是我見過最美麗的孩子。」

「我想她一定是像母親。」喬治勞勃特殷勤地問。

「不！」老邱一本正經地回答：「她百分之百像我。」

兩位總統的母親

在美國歷史上總統任期最久的莫過於羅斯福，而他最大的福氣，就在得以終養他的老母親。他很孝敬他的母親，他的母親也很欽仰她的兒子。她活到羅斯福第三任做總統的時候，而且耳聰目明，並沒有什麼老人家的毛病。

龐畢度夫人是羅斯福老夫人的好朋友，而且是竹馬之交，不過後來她們分開了。龐畢度夫人成年以後，差不多都是住在巴黎，直到第二次世界大戰時，希特勒入侵法國，才把她趕回紐約。在一次茶會上，她和

第
九
章

羅斯福老夫人邂逅了。

這時這兩位老夫人都已經是八十五、六歲的老人了，相見之下，不勝感慨，彼此談了許多舊事，又問了一些現況。忽然，龐畢度夫人對羅斯福老夫人說：「莎麗，我記得約莫三十年前，我們在巴黎分別的時候，妳還帶著妳那很可愛的小兒子呢！他現在怎樣了？」

羅斯福老夫人覺得她這位老朋友連美國的元首是誰都不曉得，未免太孤陋寡聞了。於是便用嚴厲的口吻回答龐畢度夫人說，她那個小兒子已經做了八年的美國總統了。

龐畢度夫人也不甘示弱，笑著對這位現任總統的母親說：「啊！親愛的莎麗，我真是老糊塗了。不過，我相信妳也一定不知道現在的法國總統是誰？」

羅斯福老夫人這時只得老實地承認，她確實不知道。

🏛 有道理

法國外交家尼凡諾公爵是個鰥夫，他每晚一定會去看他的好友——寡居的羅雪佛伯爵夫人。他的知心朋友們都把他們這種忠實的友誼當作笑話。其中有個朋友告訴公爵，只要他跟那位女士結了婚，就可以省卻奔波之苦了。

「話是不錯。」公爵回答：「可是，那以後我要到哪裡去消磨我的黃昏時刻呢？」

🐱 投筆從戎

皮爾遜當選加拿大總理後，有一天經過多倫多維多利亞大學的圖書館，不禁說出第一次世界大戰時他投筆從戎的往事——

「一九一五年，我在這個圖書館研究一位拉丁詩人，突然我想到作戰也許不會比這件事辛苦，於是我走了出來，從軍去了。」

參與政治

美國前副總統韓福瑞，又回到明尼蘇達州的麥凱斯特大學執教。二十多年前，他曾在這所大學講授「美國地方政府」這堂課。

一九四四年春天的一個下午，韓福瑞教授正和學生討論一本論法西斯主義的書。他先略述法西斯在美國的潛力和可能造成的危機，然後要學生發表意見。這一堂課由四點鐘開始，到五點鐘下課鈴響時還沒有結束。到了六點十五分，他和學生吃了簡單的晚飯，六點四十分又繼續討論。他和學生個別辯論，又要學生互相辯論，並向學生提出問題。到了八點三十分，除了他的教室之外，全校的燈都熄了。這時候，有些學生的嗓子已經啞了，有些疲倦得說不出話來，但沒有人離開，因為韓福瑞還在滔滔不絕地講觀念、事實、歷史、經濟、哲學等等。

九點四十分了，這一堂課已足足上了五小時又四十分鐘，韓瑞福這才勉強表示時間已晚，還對學生再三叮嚀：「不論你的意見怎樣，都不要置身局外，要挺身出來為你的意見辯護。」

這一堂課是這所大學有史以來最長的一堂課，而韓福瑞對學生的臨別贈言是──參與政治！

最大的痛苦

一位小學教師告訴她班上的孩子們說，英國詩人彌爾頓是個瞎子。

第二天上課時，她問學生是否有人記得彌爾頓最大的痛苦是什麼。

「我記得，老師。」一個小朋友很認真地回答：「他最大的痛苦，

別會錯意的浪漫舞曲

就是因為他是個詩人。」

不勞而獲

美國畫家班頓八十多歲了，還常說些別人意想不到的話，語驚四座。有一年六月，他在堪薩斯州的赫斯特學院，接受榮譽學位的頒贈。

「我知道坐在我後面的那些孩子們心裡在想些什麼。」他說──意思是指那兩百七十七名畢業生。

「他們一定在想，咱們辛苦了四年才得到這個學位，而這老傢伙卻在幾分鐘內就不勞而獲了。」

妙喻

美國幽默作家馬克‧吐溫，有一天偕同一個朋友從教堂做完禮拜出來，外面正下著雨。

「你看這雨會不會停？」他的朋友問他。

馬克‧吐溫抬頭望了望天空，答道──

「以前是停過的。」

安眠藥

匈牙利的劇作家莫爾納，多年來都必須靠安眠藥才能入睡。

有一天晚上，他不想吃安眠藥，於是他特選了一部關於花卉種子目錄的書來看，因為這種書比較容易使人入睡。

「但是當我看到第二頁的時候。……」他後來對友人說：「我就開始胡思亂想了。我想到我為什麼不自己弄個花園呢？我為什麼要老住在

228

旅館裡，而在我的周圍沒有一點花草呢？我想得興奮起來，便起身設計了一個花園。愈來愈興奮，最後還是吃了安眠藥才睡著的。」

名副其實

蕭伯納年輕的時候，有一次參加一個慈善團體舉辦的晚會，會中他邀請了一位胖胖的女士共舞。

「哦，蕭先生。」那位受寵若驚的胖女士很不自然地笑著問：「你怎麼會請我這樣一個微不足道的人一塊跳舞呢？」

以一貫幽默作風的這位愛爾蘭文學家笑著回答道：「這不是一個慈善晚會嗎？」

被政府嚇壞了

名作家康拉德原籍波蘭，被當局逐出國後便移居到英國，但由於思想和空間的距離，他也像其他遠居異域者同樣常鬧笑話。其中最妙的一則是──

當局決定贈爵銜給他，通知書是用印有「政府公函」的藍色長信封寄出的，但康拉德並不拆開這封信，而把它擱在書桌上好幾個星期。這使得英國首相大為尷尬，不得不派專差查詢，這時真相才揭露出來──康拉德不敢拆信，因為怕是財稅政部追稅的公文。

偵探才能

《福爾摩斯探案》一書，不僅在英國風行一時，而且世界各國也都為之洛陽紙貴。書中描寫那位名偵探福爾摩斯無論遇到什麼無頭案子，

都能以極機敏的頭腦，迅速地將案情偵查出來。各種線索，合情合理，引人入勝，讓人非一口氣讀完不能釋手。

其實，福爾摩斯只是一個假想的人物，他的作者是柯南道爾。這一切探案，都是柯南道爾腦中所想像，筆下所寫出來的。

所以，我們不妨說真正的偵探是柯南道爾本人。

且說這位偵探高手有一次在法國旅行的時候，竟被一個普通人推理出來，這使他大吃一驚。情形是這樣的——

他從法國南部回到巴黎，出了車站便僱車到旅館去。到達目的地，他走出汽車，付了車費。

「謝謝你，柯南道爾爵士。」那司機微笑著很有禮貌地說。

「你怎麼曉得我是柯南道爾呢？」他很驚訝地問。

「啊！先生，我昨天在報上看到，說您今天要從南部到巴黎來，您坐的這班車，就是從南部開來的。我又注意到您新理的頭髮，也是南部的樣式。至於您的衣服，尤其是您的帽子，我一眼就看出您是位英國紳士。我把這一切綜合起來，馬上就斷定您是柯南道爾爵士，果然不錯。」

「你真是了不起。」柯南道爾佩服地說：「由這樣少的線索之中，就可以偵察出來。」

「當然可以。」那司機說：「還有啊！，您旅行袋上的標籤寫著的名字，也幫了我不少忙。」

機智反應

法國作家伏爾泰，有一次當別人向他提到一位不太熟知的人時，他說：「那是一個能幹的人，有很好的人格。」

「那你真是太偉大了。」那人回答說：「因為他一直對別人說，你

是一個十分下流的老傢伙哩！」

「是呀！」伏爾泰帶著微笑說：「也許我們兩個人都說錯了。」

藝高一等

英國小說家華爾波在世時，以善於婉轉報導驚人的消息著稱，請他幫忙的人可不少。

「不過，」他有一次承認：「倫敦某醫院的一個產科護士顯然比我藝高一等。有一天，我看見一個十分興奮的爸爸在走道上把她攔住，焦急地問：『護士小姐，請妳別再讓我著急了。是不是個男孩？』她竟然若無其事地回答：『當中的一個是男孩。』」

照片趣談

馬克‧吐溫時常收到別人寄來的照片，這些人都自以為面貌像他。後來他寫了封信，印了幾百份。內容如下——

「敬啟者，承蒙賜教，並惠賜玉照，感動至極。貌似本人者雖多不勝數，但實以閣下最為神肖，且較本人更像，是以擬於剃鬚時作為借鏡，專此奉聞。」下面他簽了真名——克來門司。

可取之處

《三劍客》的作者大仲馬，在未成名之前，窮途潦倒。有一天，他跑到巴黎去拜訪他父親的一位朋友，請他幫忙找一個工作。

「你能做什麼？」父親的朋友問。

「我沒有什麼了不得的本事！」

別會錯意的浪漫舞曲

「數學呢？精不精。」

「不行！」大仲馬臉紅起來。

「你懂得物理嗎？或者歷史？」

「我什麼都不知道，老伯。」

「會計呢？還是法律？」

大仲馬滿臉通紅，第一次知道自己的才識淺薄，慚愧得無地自容，不禁脫口說道：「老伯，直到今天我才知道自己太不行了，我真慚愧，現在我一定要努力補救。我相信不久之後，我一定會給老伯一個滿意的答覆。」

「可是，你要生活啊？將你的住址留在這張紙上吧！」

大仲馬無可奈何地寫下了他的住址。

「啊！你究竟還是有一樣長處，你的字寫得可真好呀！」

於是，大仲馬只好改行當作家了。

簽字

美國有位作家某次到一家雜誌社去領取稿費。他的文章已經發表，那稿費是早就該付的了，可是那位出納卻對他說：

「真對不起，先生。支票雖已開好了，但是經理還沒有簽字，所以領不到錢。」

「早就該付的款子，他為什麼不簽字呢？」那作家有些不耐煩了。

「他因為腿跌傷了，躺在床上。」

「啊！我真希望他的腿早點好。因為我想看他到底是用哪條腿簽字的！」

還有印象……

美國以描寫職業婦女出名的女作家赫斯特，在她第一部小說發表之後，抱著滿懷希望走進紐約第五街的一家書店去看看是不是有賣她的作品。她在那店中找不到自己的小說，只好詢問店員。

「沒有。」那店員回答：「不過再過兩個禮拜，我們就會有的。」

好不容易等兩個禮拜一過，赫斯特又急忙跑到那家書店去了。她又在所有的書架上找了一遍，但還是沒有看到她寫的那本書。她又去問那個店員，他仍然說不久就會來的。

赫斯特很失望地說：「那本書好像很少人買似的。」

「啊！那也不見得。」那店員回答：「我記得好像兩個禮拜以前，也有一位顧客來問過那本書呢！」

一個與一千個

當英國劇作家詹姆士·巴利爵士遊歷美國時，曾經應邀到史密斯學院對一千個女學生講話。之後，他的朋友問他對這次演講的感想如何。

「啊！」那位爵士回答說：「老實說，我寧可對一個女生講一千次話，也不願對一千個女生講一次話。」

收益遞減法

威士特在《馬克·吐溫家庭讀本》的序言中，曾詳細敘述這位幽默大師曾經跟他說過的一個故事——

那是幾年前在哈特福的一個禮拜天。

有一位傳教士在說教。他的聲音優美，講的是土人們生活困苦的情

別會錯意的浪漫舞曲

形，請求大家解囊相助。他說得那樣誠懇動人，使馬克・吐溫聽了，不由得內心起了共鳴，原來只想捐五角錢的，這時卻準備加倍捐助。當那傳教士繼續講下去，描繪出那些野蠻民族是何等地悲慘可憐時，馬克・吐溫心中打算捐的那一塊錢，也逐漸地增加到了五塊。再說下去，那位傳教士竟說得他哭起來了，他發現他帶來的錢已經不夠捐贈了，於是決定要開一張巨額的支票。

那位傳教士不斷地往下說，最後馬克・吐溫便放棄了開支票的念頭。傳教士又不停地說，於是馬克・吐溫連五塊錢都不想捐了。由五塊減到四塊，四塊減到兩塊，再由兩塊減到一塊，等到那個募捐的盤子傳到馬克・吐溫面前的時候，他便從盤中取出了一塊錢。

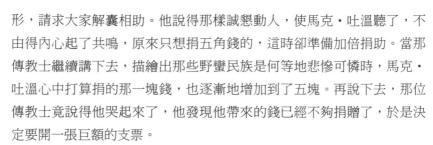

以資識別

匈牙利劇作家莫爾納有不少親戚指望他接濟。他住城裡最好的旅館，但房間卻是最便宜的。有一天，一大群親戚去維也納找他，這些親戚原以為他的態度一定很冷淡，不料他非常客氣，並且要大家在一起拍一張照片。

照片洗出來了，他交給旅館的守衛，並且吩咐：

「凡是照片上有的人，就不要讓他進來。」

反比

「巴斯卡是法國的數學家、物理學家、哲學家，他只要一算幾何問題，頭就不痛。」法國幽默作家貝奈說：「而我只要一說頭痛，就不必算幾何問題了。」

捉住靈感

美國小說家艾德曼在大學任教。

他說：「寫作習慣因人而異，就像信仰和戀愛一樣，各有各的作風。不過，有一點很重要，那就是靈感來了，就應該馬上寫下來。我時常勸學生這樣做，並且告訴他們一個小故事——有一位作家靈感來了，文思大發，於是跪在地上，感謝上蒼，等到他站起來的時候，靈感竟然沒有了。所以，我奉勸大家先寫下來，然後再感謝上蒼也不遲。」

擋風之門

法國名小說家巴爾札克，有一天晚上醒來，覺得好像有小偷在翻動床頭櫃的抽屜，便哈哈大笑起來，並說：「真好笑，我在白天翻了好幾次，都沒找出一毛錢，你在黑夜偷偷摸摸的，還能找到什麼呢？」

小偷自認倒楣，開門就要走。

巴爾札克說：「請你順手把門關上好不好？」

小偷說：「你家什麼都沒有，關上門幹什麼？」

巴爾札克說：「我這門是用來擋風的呀！」

活下去的理由

以《老人與海》一書獲得諾貝爾文學獎的美國作家海明威，雖然是一個很隨和的人，但是他對於沒有才能而又多嘴的作家深惡痛絕。

在哈瓦那的一個宴會上，海明威又遇到一個「眼高於頂，才無一升」的作家，海明威幾次藉故走開，但是都被這位作家纏住，而且到了後來，這位作家更是爽快地對海明威表明了他的志願，他說——

別會錯意的浪漫舞曲

「海明威，我老早就有心為你寫一篇傳記，希望你死了以後，我能獲得為你寫傳記的殊榮。」

「我知道你想寫我的傳記。」海明威尖刻地回答：「所以，我才不得不儘量想法子活下去。」

不用兜圈子

一個訪問紐約的倫敦出版商，下飛機後驅車往旅館去時，想在路上買兩件美國襯衫來穿，以便可以入時一點，於是便對司機說出他的意圖，要他遇到服飾店就停下來。

「是，先生。」那司機回答。

但是等遇到第一個紅燈停下來時，司機從後視鏡瞄了他一眼，又問：「先生，您剛才說什麼？」

「一家服飾店。」出版商又說了一次。

「是，先生。」那司機回答：「……一家服飾店。」

他們又向前走了兩條街，這時車子又停下來了。

「先生，您聽我說。」那司機說：「您跟我用不著兜圈子說話。你要的到底是什麼？是要去脫衣舞酒吧喝酒呢？還是要直接去找女人？」

會錯意

柯南道爾以暢銷作品《福爾摩斯探案》聞名全世界。但是大家只知道他是一位作家，卻不知道他原來是一位醫生。他在從事寫作以前，是個開業的醫生，但是生意不好，整天沒有幾個人上門求診。

有一天，來了一個男子，進門就咳得很厲害。

「聽來好像是氣管的毛病。」道爾醫生說著，就準備要為他醫治。

「一點也不錯。」對方回答說。

「不過,你用不著擔心。」道爾醫生安慰他說:「只要適當的治療一下,不久就可以好的。」

「我希望如此。」那人說:「不過,醫生,我今天不是來請您治病的,我是來收瓦斯費的。」

只要你能等

英國詩人兼小說家司各特,有一天和一個朋友出去散步。他們走到田園中的一道柴門前,正好遇上一個愛爾蘭的乞丐。那人知道司各特是位男爵,所以趕忙前來替他開門,以表敬意。

司各特覺得這個愛爾蘭乞丐很不錯,想給他一枚六便士的銀幣,來酬謝他的好意。但是,他伸手到口袋裡去找了半天,卻找不出那樣一塊小銀幣來。

最後,他只好向乞丐說:「啊!我告訴你,我想給你六便士,但我身上沒帶那樣一塊小銀幣。我現在先給你一先令,不過你要記著,你還欠我六便士。」

「願上帝保佑爵爺。」那乞丐說:「我祝爵爺長命百歲,活到我發了財,能歸還這筆債⋯⋯」

不識趣

美國名出版家桑希爾,有一次在波士頓餐館裡催促女服務生快來服務,卻碰了一鼻子灰。

他對那個有些心不在焉的女服務生,匆匆地說了句:「請先幫我點,我只有一個鐘頭可以用餐。」

想不到，那女服務生卻冷淡的回答──

「在這裡，我不想和你討論勞資糾紛。」

說完就轉身去招呼別的客人了。

要離天堂更近的人

一個六十歲左右的富有單身漢，愛上了一個二十幾歲的年輕女子墜入情網。他去請教法國的諷刺大師伏爾泰──

「我想跟她結婚，但是我怕把真實的年齡告訴了她之後，會使她失望，不肯和我結婚。所以我想對她說，我只有五十歲……」

「那可不行！」伏爾泰回答說：「你應該告訴她，你已經七十多歲了，這樣她才會馬上和你結婚。」

可遇不可求

美國作家密西納接到詹森總統的邀請，去參加專為一百二十名青年學者而設的宴會。他寫了一封信說──

「我剛接到白宮寄來邀我參加宴會的請帖，但我三天前已答應出席歡送我中學老師的宴會並致詞。是她教我怎麼寫文章的，她是一位最出色的老師。我知道，你沒看到我，是無所謂的，但她若見不到我，卻會很失望。」

就這樣，他推辭了總統的邀請。

那位在一九二三年，當密西納初中二年級時，做他老師的漢納・寇克・馬修斯夫人，在當晚為她的退休而舉行的宴會中問了他這件事，而密西納回答她說──

「一個美國人一生中會遇到十五至十六位總統，但一位好的老師卻

是『可遇而不可求』的。」

罵人的話

　　《伊甸園時代的罵人》一書，是一本以語言為題材的傑作。

　　作者諾亞·雅各伯詳述各國如何把惹人反感的習慣和行動，都推到外國人身上——

　　英國人將性病梅毒叫做「法國病」，而法國人卻反擊回去稱之為「英國病」。

　　同樣的，「偷偷溜走」在英國是「以法國方式離開」，在法國卻成了「以英國方式離開」。

　　如果不明瞭人家的話，美國人的說法是——「他像是在對我講希臘話」，蘇聯人說：「他像是在對我講非洲話」，法國人說：「他像是在對我講希伯來語」，德國人則說：「他像是在對我講西班牙話」，而波蘭人則說：「我像是在聽土耳其人講道。」

　　每個國家都有一批罵外國人的粗俗字眼。

　　「外國人」在日文成了「臭洋毛」。

　　「蟑螂」在匈牙利和奧國是指德國人，在波蘭是指普魯士人，在德國則是指法國人。

　　法國人稱「不受歡迎的人」為西班牙人，義大利人也曾叫英國人為「廁所」。

　　喝酒太多，在捷克說成——「像荷蘭人那樣喝酒」，但在荷蘭，卻說：「像波蘭人那樣喝酒」。

　　在西班牙，「替英國人做事」，則差不多是「白幹活」的意思。

別會錯意的浪漫舞曲

不需要

英國《格列佛遊記》的作者斯威夫特，有一天早上起來換衣服的時候，發覺自己的皮鞋上面滿是泥土。他把傭人叫來問——

「我的鞋子滿是泥土，你為什麼不給我擦乾淨一點呢？每天晚上把我的鞋子擦乾淨，是你應該做的事。」

「我想在這樣壞的天氣裡，是用不著擦它的。」那傭人回答道：「即使擦乾淨了，也一下子就會弄髒的。」

那天晚上，當傭人要用餐的時候，發現桌上沒有他的餐點。他便去找斯威夫特質問是什麼原因不給他飯吃？

「我想你用不著吃飯的。」斯威夫特說：「因為你即使吃了，也很快就又會餓了。」

幽默

有一天，馬克·吐溫在馬場裡碰到朋友。

朋友對他說：「我輸光了，希望你能買張車票讓我回倫敦。」

馬克·吐溫說：「我也差不多輸光了。不過，我有個辦法，你可以藏在我的坐位底下，我用腳把你遮住。」

朋友贊同這個辦法。

馬克·吐溫買了兩張車票。開車時，朋友乖乖地藏在坐位底下。查票員來了，馬克·吐溫拿出兩張車票，查票員問：「另一位乘客呢？」

這位幽默大師一面敲自己的腦袋，一面高聲回答——

「這是我朋友的車票。他的脾氣有點古怪，喜歡坐在座位下面。」

比較歷史

馬克‧吐溫去拜訪法國名人波蓋，波蓋取笑美國歷史很短。

「美國人沒事的時候，總愛想念他的祖宗，可是想到他祖父那一代，便只好停下來了。」

馬克‧吐溫馬上以充滿詼諧的語句說：「當法國人沒事的時候，總是盡力想找出他的父親究竟是誰？」

千篇一律

蕭伯納夫婦的一位朋友到他家去作客，在蕭翁對他講述一段故事時，蕭太太正忙著織毛線。

「妳在織什麼？」客人轉過身來問她。

「哦，沒什麼，我沒有刻意在織什麼。」蕭太太低聲說：「不過，他講的這些故事我已聽過兩千遍了，如果不是我手裡忙著織毛線，準會扼住他的喉嚨。」

禮貌

《青鳥》作者比利時的作家梅特林克，當他在寫文章的時候，如果有人打擾他，他便會大為生氣。

有一天晚上，當他太太獨自去參加一個晚會，把他留在家裡，他便走進書房去寫作。那天晚上，梅夫人很遲才回家，那時他還繼續伏案在寫作。

梅夫人悄悄地走進臥房去睡覺。一會兒之後，她大叫著跑下樓來，衝入她丈夫的書房，告訴他說：「不得了！不得了！有賊來了！我的珠

別會錯意的浪漫舞曲

241

寶都被偷走了！是我出去的時候來偷的！」

　　梅特林克從他的思緒中被驚覺過來，只見他十分不高興地對夫人說：「我親愛的太太，即使有賊來了，可是他並未妨害我。妳也應該有他這種禮貌呀！」

你的錶呢？

　　美國的幽默作家喬治・艾德，當他未成名時，曾在芝加哥當新聞記者，掙扎度日，每個禮拜一都要到當鋪去，把他那隻大金錶當點錢來買麵包吃，直到下次週薪發下，才又去贖出來，且習以為常。

　　後來他成名了，收入多起來，才沒有必要再去當錶了。

　　多年之後，他無意中在街上邂逅了那家當鋪的老闆，想不到那老闆卻用手拍著艾德的肩膀說：「喬治，最近怎麼啦？你把錶弄丟了嗎？」

評語

　　美國幽默大師彼得・瑞納爾德遊歷了歐洲回到美國時，人們問他對於歐洲女子的看法如何，他回答說：「我不願冒犯任何人，不過我想世界上所有的女人，都應該有法國女人的嘴唇、義大利女人的臀部，和美國女人的技巧……」

棋高一著

　　紐約婦女行動委員會為促進世界和平，捐款給聯合國，便舉行名作家簽名書籍大拍賣。委員會寫信給當時的英國作家蕭伯納，請他在自己出版的書上簽名，以便拍賣，然而卻被蕭伯納拒絕。他的理由是——我

認為婦女行動委員會，無法擔任如此艱鉅的任務。

但是，婦女行動委員會卻不顧蕭翁的反對，逕自將他的覆信與其他作家簽名的書籍一起拍賣。一般作家的書籍每本拍賣得款七十元美金，而蕭翁這封信卻以一百七十美元成交。

妻子的種類

美國幽默作家Ａ‧尼勃特朋對「妻子」的見解是——

- 妻子如鐘錶，漂亮時髦的妻子像手錶，隨身攜帶，一刻不離，大家都看得見。
- 潑辣的妻子像鬧鐘，只能供在家裡，不能帶在身邊。她想發脾氣的時候，即使是更深夜靜，也會放聲大鬧。
- 賢慧的妻子像懷錶，任何時候只要你問她，她總是老老實實地回答你，一點也不會欺騙你，可惜這種錶現在已經很少見了。
- 健康的妻子像老牌的手錶，久用不壞；文弱的妻子像冒牌鐘錶，一碰就壞，屢壞屢修，還是派不上用場。
- 老實的妻子像牆上的掛鐘，只在家裡盡她的義務，可不能跟丈夫到外面去。

筆跡專家

法國名作家巴爾札克，餘暇時喜歡研究筆跡，從筆跡上看出別人的性格，久而成癖，甚且自認為是專家。

有一天，一位老太太拿著一本很舊的小學生作業簿，來請他根據筆跡說明那孩子的能力及前途。

「夫人，妳是這孩子的母親嗎？」

別會錯意的浪漫舞曲

「不是。」

「也許妳是他的什麼親戚吧？」

「一點關係都沒有。」

「那麼，我可以告訴妳實話，這孩子吊兒郎當，也許還有點笨頭笨腦。我看他將來是不會有什麼出息的。」

「但是，先生！」那位老太太笑著回答說：

「這本作業簿是你自己寫的，就在你唸小學的時候！」

大錯與小錯

有人問馬克・吐溫「小錯與大錯」的分別，他的說明很妙——

「如果你從飯館裡走出來，把自己的布傘留在那裡，而帶走別人的綢傘，這叫作『小錯』。但是相反地，如果你帶走別人的布傘，而把你自己的綢傘留在那裡，這就叫『大錯』。」

演講

幽默大師蕭伯納，有一次在倫敦應一個小鎮的邀請，參加該鎮春季名人演講會。他趕到該鎮時，離演講時間尚早，於是就到附近的小理髮店去理髮。那裡的老闆見是一位陌生客人光顧，所以格外殷勤地招待。

「先生是本鎮的人嗎？」老闆笑著問。

「不是的，我是來聽蕭伯納今晚的演講。」蕭翁說。

「咦，那你先生還不早點去佔坐位，你不怕客滿了要站著聽嗎？」

「謝謝你的關心，這也許是我的運氣不好，當我每次聽這老傢伙演講時，我總是只有站著的份。」

萍水相逢

馬克‧吐溫正在百貨公司餐飲部吃午餐時，有一個身材窈窕的小姐跟著一個英俊的年輕人走了進來，想坐在他兩旁的兩個位子。他便轉向那年輕人，說要跟他換位置，以便他倆可以坐在一塊兒。

「啊！不必了。」年輕人說，但是馬克‧吐溫揮手要他不必多辯，就把自己的食物移到他要坐的位置上了。

在他們把坐位交換過了以後，他聽到年輕人轉向那漂亮小姐說：

「好吧！現在這位客氣的先生既然要把坐位這樣安排，我們不妨索性讓他高興一點，就彼此結識一下吧！」

自曝其短

義大利艷星蘇菲亞‧羅蘭，對流行的服裝是如此批評的——

「我不反對寬衣服，不過我覺得如果本身沒有什麼內容的話，反而會顯得空洞！」

細細分辨

老牌諧星卓別林出席製片會議，有一隻蒼蠅在他面前飛來飛去。他用手打了幾次都打不到，就叫人拿來一個蒼蠅拍，一面開會，一面留意這隻蒼蠅。他拍了三次，都沒有拍中，最後蒼蠅停在他面前的桌上，他全神貫注，高舉蠅拍。但正要下手之際，卻拿開蠅拍，讓蒼蠅飛走了。

有人說：「真可惜，為什麼不打下去。」

卓別林搖搖頭說：「牠並不是剛剛的那一隻蒼蠅。」

別會錯意的浪漫舞曲

 胖的好處

胖明星尤斯丁諾夫發起運動，宣揚胖子的好處。他說——

「胖一向代表福氣，現在卻成為萬人嫌了。但事實證明胖男人是好丈夫，離婚的並不像瘦子那麼多。」

問題的癥結

美國電影諧星鮑伯‧霍伯到越南義演勞軍，有個大兵問他：「你不時拿總統、議員、州長和其他大人物開玩笑，怎麼從來沒有出過『毛病』？」

「哪會沒出過『毛病』？」鮑伯‧霍伯反問：「你老兄怎不動動腦子，你想我怎麼會一而再，再而三地被派到越南來呢？」

感動至深

製片家華納要在宴會中介紹一位百折不撓的外交家。他背出這個人的英勇事蹟，但是到了最後關頭，要說出這位貴賓的姓名時，卻無論如何也記不起來，華納於是隨機應變。

他說：「我太感動了，再不能說下去了……」因此，博得滿堂掌聲。

遺憾

美國電影明星葛雷哥萊畢克七十三歲時，有位記者訪問他之際，正好看到路上有一個穿迷你裙的嬌媚女郎。他搖搖頭說：「如今的女孩穿

這麼短的裙子，實在太不像話……」

那位記者看了他一眼，大為詫異。

他也斜著眼看看記者，繼續說：「要是在五十年前，她們能穿這樣的裙子，那該多好！」

抗稅方法

當紅的女歌星戴娜蕭，幾年前為了業務開支可以免稅的問題，曾向國稅局力爭。

當時這位衣著入時的歌星主持一個電視節目，所穿的衣服都美不勝收，有的一件就值數千美元。稅務局的人認為這些衣服不一定是專供表演的，而她的理由是：「這樣的衣服大部分不能在家裡穿，穿了就坐不下來了！」

他們最後同意這個辦法：國稅局派人到她的家裡，她把衣服一件一件穿上，凡是穿上了無法坐下的，就可以當作業務開支。

健忘

劇作家柯貝爾有一次住在好萊塢一家廉價旅館，房間的牆壁很薄。他午夜驚醒，聽到一個帶著睡意的女人聲音說：「親愛的，替我倒杯水好嗎？」

他立刻起床，跟蹌走進浴室，拿了一杯水回來，這才想起自己身邊並沒有女人。

別會錯意的浪漫舞曲

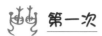 第一次

明星旬馬丁在拉斯維加斯一家夜總會演唱，有一位顧客卻只顧吃飯，不聽他唱。旬馬丁對他發牢騷，那顧客說：「抱歉得很，你的歌曲我聽得多了，可是吃十二塊錢一客的牛排，對我來說卻還是第一次。」

批評

好萊塢的約翰・巴里摩是有名的老演員，事實上，他的家庭根本就是演戲世家，數年前約翰・巴里摩看到一位新進的演員，因為報紙上對他的批評而落淚，他大感不平，於是用父親一樣的口吻教訓了這個新演員一頓，並且告訴他根本就不該因被批評而流淚。

「你這樣說未免有點說風涼話的意味，」那青年演員反唇相譏：「因為，批評家已經使你變成一顆紅星了。」

「你的話不錯，」巴里摩答：「但是他批評我不好的地方，卻使我變成了一個好演員。」

靈感何來

緊張大師希區考克對一位影業大亨坦白承認，他看過的電影實在不多。那位大亨一本正經地問他：「那麼，你那些主意是從哪裡來的？」

針鋒相對

匈牙利籍的好萊塢電影妖姬莎莎・嘉寶，以土耳其外交官夫人的資格，初次出現在倫敦社交界的時候，真是年輕貌美，我見猶憐。

　　她接觸的都是一些高官貴人，名流學者，尤其是在一次酒會中，文豪蕭伯納和作家威爾斯都為她的美貌所著迷，老威建議老蕭招待她們夫婦在他家午餐，老蕭當然答應了。

　　在宴會時老蕭和老威兩人把她夾在中間，使她左顧右盼、受寵若驚。老蕭更是對她說了起碼十次以上的恭維她漂亮的話。

　　老威在一旁有點吃醋似的對老蕭抗議說：「你這年紀向女人調情，未免太老了點。」

　　老蕭看了他一眼，回答：「男人絕不會太老的，只是，你將獻殷勤誤認為調情了！」

地震

　　已故的戲劇明星約翰‧巴里摩以衣冠整潔、時髦而聞名。當他於一九〇六年在舊金山時，適逢舊金山大地震。

　　那一晚他正好預備去參加一個晚會，所以他穿上了極漂亮的晚禮服，但當他剛要回到旅館時，就發生地震了。

　　幾星期以後，一位和他一起的朋友到了紐約。

　　「約翰怎麼樣？」一些焦急親友向他探詢著巴里摩的安全。

　　「跟平時完全一樣，他甚至為了地震而穿上了晚禮服哩！」

老實說

　　有一個著名漂亮的女明星，申請出國護照時，在那張表內看見有「單身──已婚──離婚──」等字樣，要她填寫，她躊躇了一會兒，便填上了「全部都是」四個字。

別會錯意的浪漫舞曲

249

 **唯一用途**

好萊塢諧星鮑伯・霍伯於未赴巴黎前即勤學法文，大製片家山姆看到鮑伯・霍伯在學習法文就譏笑他臨時抱佛腳，但是鮑伯・霍伯不以為意，繼續學習。

數月之後，山姆也到了巴黎，剛好於街頭看到鮑伯・霍伯，於是就拉鮑伯・霍伯去吃飯。可是鮑伯・霍伯雖然學過法文，顯然學得不太好，甚至連點菜也不會，於是山姆又譏笑他。鮑伯・霍伯馬上將侍者喚來，用法文吩咐他一句話。然後笑著對山姆說：「我只學了一句法文，」鮑伯・霍伯坦然一笑道：「就是剛剛我交代他的——等一下，請將帳單交給我的朋友！」

不能免費

電視演員哈維・史東，記得他在服兵役時，被派和同營士兵喬治・路易（即美國拳王）一起工作。有一天，他們駕了一輛汽車，被一輛貨車在邊上撞了一下，那個司機跳出來湊到喬治的眼前，顯然他不認得這位拳王，就大罵起來，等到他大搖大擺地走開以後，史東問喬治為什麼是在那裡微笑，而不把那個卡車司機一拳打倒在地。

「史東！」喬治吞聲慢氣地說：「當有人侮辱卡羅素（義大利歌王）的時候，他會不會為他演唱一曲呢？」

為人不傻

某次集會裡，一位朋友介紹著名的諧星路易給女主人說：「這位是我的朋友路易先生，他面傻，心不傻，為人處世並不像他臉孔一般的傻

瓜。」

「對了！」路易馬上接口說：「這正是他和我相反的地方。」

周到的禮儀

一個美國電影製作家，請一個英國朋友觀看他的「社交禮儀」影片，看看一切的禮貌是否正確。

看完那部影片之後，他的英國朋友問道：「那個男人既然在客廳裡和一位女士談話，為什麼他不脫掉帽子？」

「他當然不能脫帽呀！」那製片家答道：「否則，另外一個女士進來時，他如何對她舉帽為禮呢？」

極大愉快

好萊塢最近聘用歐洲女郎已蔚為風潮，各大公司固然有星探各處去發掘新人，就是小公司也設法延聘已經在歐洲舞台上出了名的女郎。因為較小的公司經濟情形往往比較差，所以大半都是用電報接洽，於是就產生了下面一則故事——

好萊塢有一家影片公司致電巴黎一位脫衣舞孃小姐，電文是這樣寫的：「請來美國演戲，妳希望的週薪若干？」

這個女郎回電答說：「週薪一千元，如何？」

於是，公司的負責人再覆電說：「吾人以極大愉快接受一千元週薪的合同。」

不料，這位女郎又覆電給他說：

「千元週薪只限於演戲，如要『極大愉快』則須另外付費！」

別會錯意的浪漫舞曲

251

幫忙

在一個正式宴會上，女主人的座位和好朋友知名女伶麗蘿拉‧柯伯特遙遙相對。

她寫了一張條子給女伶，請管家遞了過去。柯伯特小姐是近視，不戴眼鏡無法看字條，所以她請坐在左邊的那個男子把條子讀給她聽。

「條子上說，」他開始唸那張條子：「親愛的麗蘿拉，請妳幫個忙，不要冷落在妳左邊的那個男人。我知道他是個討厭的傢伙，不過仍麻煩妳要和他說一些話。」

人生舞台

當名演員李察‧波頓在康州的里奇菲爾德地方郵局裡，彎下身子在開信箱時，有位女士拍拍他的肩膀說：「約翰，你好嗎？」但轉過身來的並不是她的朋友，使她很驚訝。她尷尬地喊了一聲，「哦，我以為你是別人呢！」

「但我常常是『別人』呢！」波頓微笑著回答。

支付方式

喜劇演員傑克，有一次對一場棒球比賽打賭輸了五塊錢，那個贏了錢的人請他在那張五元鈔票上簽一個名，並解釋說：「這張鈔票我要拿去給我的孩子留作紀念。我會用玻璃框把它裱起來之後，懸掛在他房間裡的。」

「你是說那錢不拿去用嗎？」這位喜劇演員問。

「當然不用。」

「好的，」傑克說：「那麼，我簽一張支票給你就好了。」

說著，他就把現金收了起來……

計較

當喜劇演員布朗第一次做祖父的時候，別人問他對於這種新的境況有何感想。他想了一下回答說：「做祖父我並不介意，但要我跟一個祖母結婚，就不免要有些遲疑了。」

實話實說

開麵包店的猶太人做禮拜時，拼命地大聲祈禱……

隔鄰的猶太人對他說：「你若想有效打動神的心，就應該把聲音放小一點，而把麵包做大一點，知道嗎？」

吹牛大王

兩個男人為各自所屬教會的拉比吹起牛來。

「我們鎮上那位拉比的法力真是無邊啊！前幾天他搭乘一輛無遮篷馬車在野外疾馳時遇上了大雨，乘客著急得很，可是拉比卻不慌不忙站了起來，張開雙手，當時就出現了奇蹟；左邊和右邊都是傾盆大雨，只有馬車行處的上空，晴朗無比，一滴雨都沒有滴到馬車上！」

「那有什麼稀奇，我們鎮上的拉比還要高明得多，他上星期五中午搭火車旅行，因為碰上大風雪，行車時刻亂了，直到黃昏時才開車；你知道，星期五黃昏至星期六黃昏是安息日，不能旅行。因此，猶太乘客議論紛紛，這時候拉比站起來張開雙手，奇蹟出現了！左邊是安息日，

別會錯意的浪漫舞曲

右邊也是安息日，只有車上不算數，你看偉大不偉大？」

不明究理

艾力克因患了嚴重的傳染病而住院，那種病使醫師都束手無策。

在要做最後的臨終祈禱前，有朋友問他要請誰來做？他竟然說要請天主教的神父。

「可是，你不是猶太人嗎？」朋友說道。

艾力克生氣的看了他一眼說：「難道你們要將猶太的拉比，請到有傳染病患者的身邊！」

往日的太陽

愛莎問一位拉比說：「書上說地球繞著太陽轉動，既然太陽不動，那麼所謂的約書亞將太陽停止的傳說，就沒有根據了！」

拉比答說：「不！傳說很正確，因為在那以前太陽是在轉動的，只是被約書亞給拉停了，所以到現在還停著不動！」

止痛的方法

忙著為客人準備房間的太太，因為牙痛，在客人面前露出一副十分痛苦的表情。

「夫人，我懂得止痛的妙法。」

客人說著，突然吻了太太的雙頰，太太雙頰暈紅地走了。

一會兒做丈夫的來到了客人的房間，很懇懃地對他說：

「你的止痛妙法很有效，所以我也想請你幫忙一下，因為我的痔瘡

發作了，那地方正痛得要命！」

實際的情況是……

「葛林，今晚有巴黎的劇團公演，要不要一塊兒去看？」

「今晚不行，因為夏洛也要去看公演。」

兩天之後——

「葛林，今晚米蘭的史卡拉劇團公演，去不去呢？」

「不行，因為今晚夏洛比也要去看公演。」

好幾個星期之後——

「葛林，今晚錯不了，紐約的梅托洛要來公演，而且我事先已約好兩位漂亮的女郎，去不去？」

「實在是機會難逢，但是不行，因為夏洛比又要去看公演。」

「那個夏洛比到底是誰呢？我怎麼都沒聽過。」

「我也沒見過，不過，夏洛比只要遇到有公演的晚上一定會出去，而那傢伙的太太可是十足迷人的性感尤物啊！」

調和之道

猶太店主對太太說：

「妳要記得，生意差的時候，打烊之後要把店內的電燈點亮；若生意好時打烊之後只點一支臘燭，裝得靜悄悄的。」

太太有些想不透：

「這樣不是完全顛倒了嗎？」

「妳們女人就是這樣不懂事，我告訴妳，生意不好時應讓鄰人分擔一點苦頭，把燈點亮，裝得熱烘烘的，那麼，他們就會因我們賺錢而眼

紅感到頭痛；如果只點一支小臘燭，裏面又靜悄悄的，那麼就以為我們生意不好而歡喜。所謂調和，無非是要周圍的人和我們同喜同悲，調節上卻必須運用正與反的法則，知道嗎？」

經營的手法

帶著小孩來買童裝的男人問猶太人老闆說：

「這種布料洗一次是不是會縮得很厲害？」

「不！這種布料是高級料子，保證不縮水。」

可是一星期後卻縮得不成樣子，因此，男人就帶著孩子找上門來。

「你說保證不會縮，現在怎麼說？」

猶太人老闆不慌不忙地，看著小孩說：

「真是一位逗人喜愛的小孩子，在一個星期裏竟長得那麼高大了，幾乎令人不敢相信！」

老婆之死

年輕老實的神學院學生，奉父母之命訂婚了。

朋友們前來祝賀，可是他面無喜色。

「實在吃不消，叫我結婚，也不曉得該怎麼做，真是煩死了。」

「何必耽心，你看那邊屋頂上不是有兩隻鴿子正在相愛嗎？而這邊屋頂上也有兩隻貓正在搞那回事！不會有什麼困難得，到時候你自然知道怎麼做！」

兩個月後，朋友遇見他，問他結婚後如何？

他愁眉不展地說：「一切都完了，我太太從屋頂上跌下去了。」

下次安啦

結婚只有五個月，太太就生下了孩子。

丈夫認為自己上當了，而向鄰居的男人訴苦。

鄰人趕忙安慰他說：

「何必苦惱！下次就不會再發生這種事態了！」

歷史證明

一位埃及外交官因為外表酷似猶太人，被納粹暴徒襲擊，後來曉得他的身分，德國警察忙將暴徒驅散。

警察很誠意的向他道歉：「很對不起，不過，從這一件事可以證明，非將猶太人全部消滅不可！」

埃及外交官聽了，卻冷笑地說：

「那是沒辦法做到的！我們在四千年前就試過了。」

設計暴發中

在貧困的猶人村裏，一個拉比向該村出身事業成功的媒炭商，要求捐助六輛馬車的煤炭。

暴發戶的煤炭商說：「我是商人，不能把東西免費送人，不過為了家鄉，我可以把價錢減少一半。」

於是，拉比就向他要了三輛馬車的煤炭。可是經過好幾個月，不但未見其餘三輛馬車的訂貨，貨款也未見匯入，煤炭商就寄去向拉比催款的通知書。

想不到，第三天就接到那位拉比的回信——

「接到您的催款通知書，令我們百思莫解，當初您答應以半價出售六輛馬車煤炭，這也等於是免費提供三車煤炭，而這一部分已蒙您慷慨裝送運到，至於另三車煤炭，我方決定不再請求了！」

哪種經驗

「聽說山姆這回邀你為事業伙伴，他為什麼會選上身無分文的你呢？」喬向吉拉夫說。

「不要小看我好不好？我雖然沒有錢，卻具有比任何人都豐富的經驗啊！」吉拉夫揚揚得意地說。

「也許……這就等於說：一段時間你會變成有錢人，而讓山姆多得了一次受騙的經驗，是不是這樣？」

承擔

海關人員和旅客在海關問答：

「那一包是什麼東西？」

「是雞的飼料。」

「打開看看……什麼？這是咖啡豆啊！雞怎麼肯吃這種東西呢？」

「什麼？雞不吃咖啡豆？那我只好自己受點苦了！」

沒出息的兒子

臨危的猶太病人，在病床上叫孩子記下債主的姓名和金額之後，就陷於昏迷狀態。

「爸爸，請您再支持一下，別人欠我們的部分已經記清楚了，但是

258

我們欠別人的部分呢？」

　　病人生氣地看兒子一眼，無力地說：

　　「你真沒出息，你在急什麼，反正他們自己會找上門來的！」

神的保證

　　「天天都在調頭寸，實在吃不消！」

　　「自助天助，神一定會幫你忙。」

　　「是啊！所以我要以神的保證，麻煩你借我一萬元！」

盡職的侍者

　　三個猶太人在咖啡廳向服務生說：

　　「我要紅茶。」

　　「我也要紅茶，加一點檸檬。」

　　「我也一樣，不過杯子要洗乾淨。」

　　一會兒，服務生把紅茶端來了。

　　「請問要把杯子洗乾淨的是那一位？」

換手了

　　餐館裏，客人問服務生說：

　　「在廚房工作的金髮小姐辭職了是不是？」

　　「是啊！你為什麼知道？」

　　「菜湯中不再有金髮而是變成紅頭髮了！」

別會錯意的浪漫舞曲

 ## 你沒有藉口

猶太人為了逃避帝俄時代兵役，拼命說服軍醫：「我患著肺癆。」

「那有什麼關係？伏洛西洛夫將軍也是肺癆患者，不也是一位勇敢軍人嗎？」

「可是，我一隻眼睛也瞎了。」

「伊凡諾夫將軍是獨眼龍，同時也是軍人典型。」

「我還是意著薄弱者。」

「咱們皇帝陛下也是這樣，但他卻能善盡職責！」

敗戰原因

第二次世界大戰方興未艾時，德國小學的歷史老師發問：

「亨利，你認為德國在上次大戰中吃了敗戰的原因在那裡？」

「因為德國軍隊中的猶太士兵太過儒弱，紛紛從前線逃走，所以導致德國戰敗。」

「答得很對，哈德威，還有什麼其他原因？」

「因為補給站他有猶太人，他們竊取軍糧武器，這也是導致敗戰的原因之一。」

「答得妙，羅森，你認為怎樣？」

羅森是猶太小孩，他膽怯地站起來，低聲作答：

「因為參謀總部也有猶太人……」

「胡說，德意志帝國參謀總部根本沒有猶太人。」

羅森哭喪著臉說：「老師，我不是說德國參謀總部，而是說法國參謀總部有猶太人，那也是造成德國戰敗的原因之一啊！」

現實的神

有一個猶太人,行經一條搖搖欲墜的破橋。

「如果能夠安然渡過,神啊,我必定向慈善箱投入五美元。」

可是當他走過四分之三時,他後悔了。

「五美元未免太多,減為五毛錢……不,根本不花錢也行嘛!」

可是,這一瞬間橋忽然劇烈地搖擺起來了,這位猶太人哀叫著:

「不過是開玩笑,就搖得這麼厲害,未免太現實了!」

能省則省

兩個猶太人坐在救生艇上,但是視線所及,一條船影都沒有。

其中一位開始祈禱了。「上帝啊,只要讓我安然無事回家,我願意把我財產一半捐做慈善事業。」

但是等了一天,仍然不見援手。那個男人很焦急地再次祈禱。「萬能的神啊,救救我吧!我願意把我全部財產的三分之二捐出來。」

翌日清晨,也沒有任何動靜,陷於絕望的那個男人又祈禱了。

「上帝啊,讓我無事突破難關吧!那麼我……」

「慢著,」另一個猶太人制止他說:「這樁交易可以取消了,我已經看到陸地了!」

活的戒律

摩西的戒律中不准吃豬肉。至於葡萄酒本來是可以喝的,只因基督徒認為紅葡萄酒是耶穌寶血的象徵,限制猶太人喝,所以從前的猶太人在異教徒面前絕不喝紅葡萄酒。

既使在今天，信心堅固的猶太人，也仍然只會在與自己人的聚會上才喝些紅葡萄酒。

這一天，有一個猶太人和一個德國將官坐在一列火車的包廂內，德國將官正在猛吃火腿，同時，也招呼那位猶太人吃，猶太人婉拒了。稍後，那位軍官又喝紅葡萄酒，也頻頻邀猶太人喝，猶太人照樣婉謝。

「你真的肚子不餓，口也不渴嗎？」

「那裏！那裏！很想吃吃喝喝，只因為戒律太嚴。」

「絕對不能觸犯嗎？」

「在生命攸關的場合是可以的。」

將官聽了，立刻抽出手搶對著猶太人。

「再不喝，我就開槍！」

於是，猶太人就開始大吃大喝了。

「玩笑也許開得太過份，還得請你原諒。」

「那兒話，只是，你為什麼不早一點把槍掏出來呢？」

猶太的神較聰明

有一個猶太人正在祈禱。「噢！神啊！請您讓我的彩券中獎，那麼我一定分一半給貧困的人們！」

儘管如此，他的彩券每一次還是都落空。

於是，他前往基督教會奉獻一條蠟燭，並祈禱彩券若中獎就把獎金的一半捐給教會。

這次，神顯靈了，他竟然中了大獎。

猶太人非常高興地說：「基督教的神確實靈驗，不過咱們猶太教的神卻賢明多了，因為祂知道我是在撒謊，即使中獎也絕對不會把錢捐出來的！」

乞丐的願望

一個貧苦的猶太人在祈禱——

「神啊，請您讓我變成本鎮唯一的乞丐吧！」

聽到禱詞的朋友責怪他：「你又何必變成乞丐呢？」

「你不要小看我的願望，本鎮一年間花在慈善事業的款項有多少你知道嗎？十萬美金以上，這一筆錢如果全都會落在我手中的話……」

大方的人

有一個蘇聯的猶太人認真向神祈禱——

「神啊，請幫助我，讓我的彩券中一萬塊盧布吧！如果中獎，我一定捐出十分之一給貧困的人們，如果您懷疑我的實踐能力，無妨先扣下十分之一，給我九千就可以了！」

生意頭腦

服待沙皇的猶太士兵立了功，按例得給予某種賞賜。

經過考慮之後，決定以十字勳章和一百盧布現款，讓猶太士兵在兩者之中選擇其一。

猶太人請教將官說：「不曉得十字勳章值多少錢？」

「不可這樣說，勳章不過是榮譽的象徵，如以金屬價值來說，連一盧布都不值！」

「那麼……是不是可以給我九十九個盧布和一枚十字勳章呢？」

別會錯意的浪漫舞曲

好消息與壞消息

當納粹正在大肆壓迫猶太人時，兩個猶太人在柏林街角碰頭了。

「今天有兩大消息，一條好消息和一條壞消息！」

「真的！是什麼好消息呢？」

「街頭上人人都說希特勒死了！」

「的確是好消息，那麼壞消息又是什麼呢？」

對方皺一皺眉頭說：

「希特勒去世的消息，已被證實是一項謠言了。」

孩子的資質

一個猶太人為了孩子，請了一位猶太教的教師。

有一天，他無意中在書房門口，聽到教師正在教孩子唸葬禮經文而大吃一驚。

「老師，我這麼年輕，不會那麼快死的。」

「你在緊張什麼？等到令郎會背唸這一段經文時，你已經超過一百歲了！」

期待之心

希特勒統治時期。住在柏林的大多數猶太人，每天清晨都會去買一份納粹的機關報，但只看了頭版一眼，就丟進垃圾箱。

賣報的覺得奇怪，就問其中一人。

「我要看的只是一條死亡消息。」

「可是訃聞是登在最後一版啊！」

「但是我要看的是會登在第一版的那種大人物死亡的消息啊！」

記憶的妙法

鄉間老師對一群流鼻涕的頑皮孩子，施予猶太教教義的初步教育，但是這些子頭腦很差，讓老師頗為失望，不過最低限度，也必須使他們記起安息日祈禱時要用的幾句希伯來語才行。

費了一番苦心之後，老師對一個學生說：

「德比特爾，你只要把這五個語詞當做是你鄰人的名字就容易記起來，譬如「約姆」就是農家的馬德威，「哈西西」就是伊凡，「巴埃富爾」是馬克西姆，「哈夏賣爾」是彼約德爾，而「柏哈勒斯」則是拉比……」

德比特爾認為很妙，認真背起來了。

翌晨，他在老師面前很流利地背唸著……

「約姆、巴埃富爾……」

「為什麼把「哈西西」給忘掉了？」

「老師！哈西西昨晚因腦溢血死掉了嘛！」

生意人

摩里斯從猶太人學校轉入國立學校，當他父親帶他見老師時，特別強調孩子算術成績非常好，老師就說：「讓我出個題目考考你。摩里斯，你聽著，老師去你父親店裏，買了一又四分之三公尺要做褲子的布料，價錢是每一公尺一鎊又三分錢，那麼這一塊布料要多少錢？」

摩里斯鎮定地說：

「老師，您買那麼便宜的布料必定要後悔的，至少也應該買一公尺

兩鎊的布才耐用；同時，以老師的體格，一條褲子至少也要有三公尺才做得像樣，因此，您這一條褲子的布料一共是六鎊！」

鏡子的原理

「拉比，有一件無論如何都想不透的事，貧窮的人肯盡其能力幫助我，可是有錢的人卻一點也不肯幫助我，究竟是什麼道理呢？」

「你從玻璃窗看出去，外面有什麼？」

「一個女人拉著小孩的手走著，另有一部車子正開進市場。」

「你現在看看鏡子，裏面有什麼？」

「只有我的臉。」

「同樣是玻璃，一旦塗上少許水銀，眼中就只有自己而看不到別人，有錢人就是這個道理。」

差異之所在

兩個猶太人正在爭論不休。

「改信基督教的猶太人很幸福，為什麼基督教徒改信猶太教竟會陷於不幸？」

「有什麼好奇怪，因為前者是具有猶太人的頭腦和基督徒的命運，後者則具有基督教的頭腦和猶太人的命運。」

再一次翻身

一個猶太人對另一個猶太人斬釘截鐵地說：

「我已經決心改信基督教。」

「你也真是的，不怕你的父親，氣得在墓地裏翻身嗎？」

「沒問題！下星期我弟弟也要改信基督教，到時候他會再翻一次身的，安啦！」

討生活的人

從前在西班牙，人們被禁止信仰天主教以外的任何宗教。

後來制度雖然改了，但猶太人也只能禮拜猶太教。

有一個男子到西班牙一座天主教堂參觀，帶路的僧侶站在聖母像前說：「這位聖母，據說若有猶太人站在面前就會掉下淚來。」

參觀的男子憤慨地說：「開玩笑，我就是猶太人！你叫她掉下眼淚給我看吧？真是豈有此理！」

那位僧侶聽了，看看周圍，回頭低聲對他說：

「兄弟，小聲些，其實我也是猶太人。」

死神的手法

一個男人跑到拉比面前說：

「拉比，糟了，我的太太要死了！」

拉比做了片刻祈禱後告訴他：

「不要擔心，我已經從死神手中奪走那把劍了，你放心好吧。」

男人非常高興，頻頻道謝而去，可是，很快又跑回來了。

「她終於死了，枉費拉比替她祈禱，竟然一點兒效果都沒有。」

拉比氣憤地說：「死神這傢伙未免也太不像話了，我奪取他的劍，他卻用手將她絞殺？！」

明證

「那位拉比確實會行奇蹟。」

「我才不相信哪！」

「不要那麼說，前幾天有一個患腦膜炎的男人去找拉比，回來之後就好了。」

「那也許真是奇蹟，不過你要好好想一想，生病會去找拉比的人，頭腦本來就不太正常，所以，他才發現自己的頭腦根本就比拉比正常多了，這就是明證！」

單行道

一個男子請教拉比：

「拉比，活人有辦法和死人交談嗎？」

「可以啊，只是你不能要求死者回答！」

誠實懺悔

安息日早晨，某神學院三位學生，不知道拉比正在窗戶旁，竟悠然地抽起了紙煙，當時就被拉比叫出去責罵一頓。他們都表示很懊悔。

第一位學生說：

「老師，對不起！我忘記今天是安息日。」

第二位學生說：

「我也是忘記安息日不可抽煙的戒律。」

第三位學生說：

「老師，原諒我，我竟然忘記拉下窗簾！」

不高興的猶太人

訪問耶路撒冷的基督教徒觀光客，在參觀猶太寺院的禮拜儀式之後，問嚮導的猶太人。

「儀式很嚴肅，太好了！可是當禱詞中出現摩西名字時，為什麼信徒會發出噓聲呢？摩西不是猶太教偉大的預言者嗎？」

猶太人聽了，很不高興地說：

「那個傢伙近來信譽已經掃地了，雖然他把猶太人帶到香吉士很便宜的地方，可是他更應該把我們帶到地下有石油的地方才對啊！」

猶太人的原則

美國一個小鎮的教堂破舊了，非修建不可。有一天，發起募捐運動的婦女們找上一家猶太人經營的店鋪。

猶太人老闆希爾西曼，可面臨難題了。

因為這些婦女都是他的顧客，可是，身為猶太人，怎麼可以為修建基督教會而捐款呢？

於是，他想出了一個妙計——

「在修建以前必定要把破舊的部分拆掉，是不是？」

「是啊！」

「這一部分的費用也不少吧？」

「是啊！聽說光拆除部分，就需要三百塊呢！」

「那好，這三百塊錢就由我捐獻好了。」

〈全書終〉

別會錯意的浪漫舞曲

國家圖書館出版品預行編目資料

跟你講個笑話，我是猶太人／林郁 主編
　初版，新北市，新視野 New Vision，2021.05
　　面；　公分 --
　　ISBN 978-986-99649-8-2 （平裝）
1.猶太民族 2.文化

536.87　　　　　　　　　　　　　　　110004038

跟你講個笑話，我是猶太人

主　　編　林郁
出　　版　新視野 New Vision
製　　作　新潮社文化事業有限公司
　　　　　電話 02-8666-5711
　　　　　傳真 02-8666-5833
　　　　　E-mail：service@xcsbook.com.tw

印前作業　東豪印刷事業有限公司
印刷作業　福霖印刷有限公司

總 經 銷　聯合發行股份有限公司
　　　　　新北市新店區寶橋路 235 巷 6 弄 6 號 2F
　　　　　電話 02-2917-8022
　　　　　傳真 02-2915-6275

初版一刷　2021 年 05 月